個人所得課税の公平性と効率性
マイクロシミュレーションによる実証分析

金田 陸幸

日本経済評論社

はしがき

　近年，日本では基幹税である消費税の増税や法人税の税率の引き下げなど大幅な税制改革が行われている．2011年に政府・与党社会保障改革検討本部は「社会保障・税一体改革成案」のなかで，社会保障の経費として，年金，医療および介護のいわゆる高齢者3経費を基本としつつ，少子化に対処するための施策に要する費用を含めた社会保障4経費を拡充する方針を示した．

　同成案では，「国民が広く受益する社会保障の費用をあらゆる世代が広く公平に分かち合う観点などから，社会保障給付に要する公費負担の費用は，消費税収（国・地方）を主要な財源として確保する」とし，「まずは，2010年代半ばまでに段階的に消費税率（国・地方）を10％まで引き上げ」る旨が明記された．これを受けて，2013年10月1日に，「消費税率及び地方消費税率の引上げとそれに伴う対応について」のなかで，消費税率引上げについての確認がなされ，2014年4月1日より，従来5％であった消費税率を8％に引き上げた．

　また，2013年の時点では，2015年10月1日に消費税率を10％に引き上げる予定であったが，こちらについては，「社会保障の安定財源の確保等を図る税制の抜本的な改革を行うための消費税法等の一部を改正する等の法律案」の附則第18条（消費税率の引上げにあたっての措置）に従い，2017年4月1日に増税時期が延期された．その後も「平成27年度税制改正の大綱」にて附則第18条第3項の削除が明記されたにもかかわらず，再度2年半の延期が行われ，最終的に2019年10月に国と地方を合わせた消費税率を10％とすることが予定されている．

　消費税とともに，法人税に関する税制改革の議論も盛んに行われている．法人税に関しては，「平成22年度税制改正大綱」で，法人税の改革の方向性として，「租税特別措置の抜本的な見直しなどを進め，これにより課税ベー

スが拡大した際には，成長戦略との整合性や企業の国際的な競争力の維持・向上，国際的な協調などを勘案しつつ，法人税率を見直していくこと」が示された．

その後，2012年に法人税率が30%から25.5%に，さらに2015年4月1日からは，25.5%から23.9%に引き下げられた．また，法人税率の引き下げに合わせて，欠損金繰越控除の見直し，受取配当等益金不算入の見直しなどの課税ベースの見直しが行われている．

以上のように，消費税と法人税は近年の税制改革の議論において中心を担っている．これらの税制改革とともに，いまひとつの基幹税である所得税と地方税として地方自治体の重要な財源である個人住民税を合わせた個人所得課税に関する税制改革の議論も盛んに行われている．

日本では1980年代後半から，たびかさなる税制改革により，控除額の増額や税率のフラット化がなされてきた．2000年代以降，税制改正大綱やこれまでの研究において，過去の税制改革による個人所得課税の所得再分配効果の低下や課税ベースの低下が指摘されている．森信（2013）の93SNAのデータを用いた分析によると，家計の各種の所得を合計した受取額に対する課税ベースの割合は30%にものぼる．また，金田（2014）は，総務省『全国消費実態調査』の匿名データを用いて，給与所得者と年金所得者の収入に対する課税ベースの割合は35%ほどであるという結果を得ており，森信（2013）と同様に課税ベースが低い水準に留まっていることを示している．

さらに近年の税制改革の議論においては，税収の確保や公平性の担保といった内容に加えて，税の中立性について議論が行われている．例えば，扶養控除における成年扶養控除制度の廃止や配偶者控除の見直しなどである．とくに，安倍政権の発足以降，配偶者控除の見直しが活発に議論されてきた．簡潔に説明すると，配偶者控除の議論の問題点は，配偶者の給与収入が103万円を超えると，世帯主の税負担が増加することに加え，配偶者自身にも税負担が発生するため，配偶者が意図的に労働供給を抑制しているというものである．しかし，日本の個人所得課税制のもとでは，配偶者の給与収入が

103万円を超えて，配偶者控除の適用外となったとしても，配偶者特別控除が適用されるため，配偶者が労働した分だけ世帯の可処分所得は増加する．つまり，配偶者の労働の目的が世帯の可処分所得の増加であるならば，103万円前後で就業調整をする必要はない．そのため，少なくとも可処分所得の観点からはいわゆる「103万円の壁」は存在しないはずである．ただし，今まで税負担をしていなかったところに，新たに税負担が発生するという負担感，つまり意識的な壁が配偶者の労働供給に影響を及ぼしている可能性があった．

　配偶者控除のいまひとつの問題は，二重控除の問題である．配偶者控除や配偶者特別控除が適用される世帯は，配偶者の所得が比較的少ない世帯に限定される．つまり，夫婦共に正規雇用で働いている世帯よりも，配偶者がパートやアルバイトなどの短期労働者である世帯に有利な税制となっている．

　配偶者控除に関する以上の問題点を背景に，政府は配偶者控除を完全に廃止する案や基礎控除と配偶者控除を一体としたいわゆる移転的基礎控除の導入の議論を行ってきた．しかし，最終的な税制改正はそれまでの議論とは路線を大きく変更したものであった．具体的には所得税，個人住民税ともに配偶者控除における配偶者の所得要件は据え置かれた（給与収入のみの場合は103万円）ものの，配偶者特別控除の所得要件が大きく見直され，所得税の場合，配偶者の年収が150万円以下であれば従来の配偶者控除と同額の38万円の控除が適用されることとなった．これは実質的に配偶者控除が適用される給与収入が103万円から150万円に引き上げられることと等しい改革である[1]．

　今回の配偶者控除の制度変更はパートやアルバイトとして働いている配偶者の就業調整を緩和し，人手不足が深刻化している日本において労働者を確保するといった目的があると考えられる．しかし，実質的な所得要件の引き

---

1) 所得税については2018年以降，個人住民税については2019年より改正後の税制が適用される．また，個人住民税所得割については年収（給与収入のみ）が155万円以下であれば2017年以前の配偶者控除と同額の33万円の控除が適用される．

上げだけでは，あらたに150万円の壁を発生させる可能性があるだけでなく，二重控除の問題はまったく解消されない．さらに配偶者手当の適用条件が年収103万円以下という企業が多いこと，配偶者の年収が130万円（あるいは106万円）を超えると配偶者が世帯主の扶養から外れ，自身の社会保険料を支払わなければならなくなることを考慮に入れると，配偶者控除の適用条件の緩和だけでは配偶者の就業時間の増加は限定的なものとなることが予想される[2]．

近年では配偶者控除のみならず，所得税の税率のブラケットの見直しや給与所得控除に上限を設ける改革が行われた．税率のブラケットについては，2015年から4,000万円を超える課税対象所得に対して45%の税率が適用されることとなった．給与所得控除については，2013年から給与等の収入金額が1,500万円超の者に対して245万円の上限が設定された．さらに，2017年には給与等の収入金額が1,000万円超の場合，220万円の上限が設けられた．

しかし，2015年の国税庁『民間給与実態統計調査』によると，収入が1,000万円超の給与所得者は全体の4%ほどであり，収入が1,500万円を超える給与所得者に限定すると全体の1%を占めるのみである．高所得帯での税率の変更や給与所得控除の上限の設定は，高所得者に対する増税であるため，所得再分配効果を高める効果はあるだろう．しかしこれらの改革はごくごく少数の個人を対象としたものであり，税制の根本的な問題の対策とはなっていない．

個人所得課税の改革は家計の課税後所得のみならず労働供給や消費行動にも影響を与えるため，税制改革の実施には改革後の実態を把握することが欠

---

[2] 2016年10月の制度改正により，パートなどの短期労働者であっても，①労働時間が週20時間以上，②1カ月の賃金が8.8万円（年収106万円）以上，③勤務期間が1年以上見込み，④勤務先が従業員501人以上の企業，という4つの条件を満たせば社会保険への加入が義務付けられたため，社会保険料については130万円の壁と106万円の壁が存在する．

かせない．税制改革がおよぼす影響を明らかにするためには，過去の税制改革の影響を精査することに加え，シミュレーション分析による定量的な影響の把握が必要となる．とくに個人所得課税制においては所得や世帯属性の違いが超過累進税率や所得控除に反映され，税制の影響が世帯ごとに異なることから，さまざまな世帯属性を含んだマイクロデータを用いて，マイクロシミュレーション分析を行うことが望ましい．しかしながら，日本の税制に関するマイクロシミュレーション分析については，長期にわたりデータの利用が制限されてきたこともあり，研究の蓄積が十分にあるとは言えない．

そこで本書では，総務省『全国消費実態調査』，厚生労働省『国民生活基礎調査』の匿名データおよびタイ王国統計局（TSON：National Statistical Office Thailand）"Labour Force Survey"のマイクロデータを用い，マイクロシミュレーション分析を行うことで，過去の個人所得課税改革の評価を行うとともに，今後の税制改革の方向性を示すことを目的とする．本書の構成は以下のとおりである．

第1章では，1990年代後半から普及した国内外のマイクロシミュレーション分析の既存研究を概観し，本書で用いるマイクロデータの概要とデータの処理方法について解説する．近年，徐々に増加しているとはいえ，日本国内の政策を分析対象としたマイクロシミュレーションの研究はまだまだ不十分である．したがって，まずは現在までの国内外の既存研究をまとめ，マイクロシミュレーションの分析手法や有用性を把握することが重要である．また，マイクロシミュレーションでは，データに関する制約や膨大なデータ量ゆえに，データ処理に多大な労力を費やすこととなるが，分析者以外には処理の方法が不透明であることも多い．

そこで第1章では，近年のマイクロシミュレーションモデルを概観し，現在の研究の動向を示すだけでなく，本書で用いるデータセットの処理方法を解説することで，マイクロシミュレーション分析の再現性を高め，この分野に対する技術的な壁を少しでも取り除くことを目的とする．

第2章以降の分析では，個人所得課税制の効率性と公平性に焦点を当て，

分析を行う．経済学の基本的な考え方として，効率性と公平性のトレードオフが存在するが，これは税制の議論にも当てはまる．また，税制においても効率性と公平性は，どちらかを優先すべきというものではなく，どちらも重要な概念である．

例えば，効率性の観点からは人々の行動が税制によって歪められず，社会的厚生が減少しないような税制が求められる．つまり，効率性のもとでは所得税の累進性の緩和が肯定されうる．しかし，上記のような税制のもとでは，低所得者と高所得者の所得格差が縮小しないだけでなく，所得税の税収が減少することで，政府が供給する公共サービスが縮減する．公共サービス減少の影響が低所得世帯に大きく及べば，所得格差が拡大し，貧困層の増加につながる可能性もある．

また公平性，とくに担税力の高いものに重い税負担を課すことが公平であるとする垂直的公平の観点からは，所得税の累進性を高めることは，高所得者の税負担を重くすることにつながるため，望ましい税制である．しかしながら，あまりに過度な課税は，労働者が働くインセンティブを減退させ，社会全体での労働供給が減少することで，効率性を阻害する可能性がある．

効率性と公平性のどちらを重視するかは社会的な判断にゆだねられるため，一概にどちらを優先すべきかを述べることはできない．しかし，税制の持つ効率性，公平性を双方の観点から分析することは，今後の税制改革を検討するうえできわめて重要であろう．そこで，本書では，第2章，第3章で個人所得課税制を公平性の観点から分析し，第4章，第5章，第6章では，効率性の観点から分析を行う．

第2章と第3章では，垂直的公平の観点から，個人所得課税の所得再分配効果に目をむけ，過去の所得税および個人住民税の税制改革が所得再分配効果にどのような影響を与えてきたのかを明らかにする．所得格差の議論は社会経済状況の変化とともに行われるが，税制の所得再分配効果が実際に変化しているかどうかを明らかにするためには，社会経済状況の変化の影響を除き，税制のみに焦点を当て，分析する必要がある．

また，政府の所得再分配政策として，個人所得課税制の他にも，生活保護制度，公的医療制度，公的年金制度などの社会保障制度が挙げられる．社会保障制度は給付対象が明確に定められており，所得再分配の強化には税制よりも有効であると考えられる．しかしながら，現在の日本の財政赤字の状態を考えると，所得格差の縮小のために社会保障をさらに充実させることは難しく，政府の所得再分配政策の強化は財政再建とともに行われる必要がある．そこで本書では，税収が大きく，所得再分配効果が期待される個人所得課税に焦点を当てる．

　第2章では所得税を取り上げる．日本の所得税制は各種の控除や税率によって構成されているが，過去の税制改革によって幾度となく制度変更が行われてきた．所得再分配効果を評価する場合，所得再分配効果の変化が税率の変更によるものであるのか，控除の変更によるものであるかを明らかにすることが，今後の税制改革を考えるうえで重要である．さらに，税による所得再分配効果の推計にあたって，人口動態の変化や景気の変動による所得の増減などの税制改革以外の要因をコントロールする必要がある．

　そこで第2章では，所得をある基準年の所得に固定し，その所得にさまざまな年の税制を適用する Fixed Income Approach を用いて，格差指標のひとつであるタイル尺度を算出し，税制による所得再分配効果を推計する．また，過去および現在の税制における所得再分配効果を税率と控除のそれぞれの効果に分類し，さらに控除については控除ごとの影響を推計し，それぞれの制度がどれほど公平性に寄与しているかを明らかにすることで，今後の所得税の所得再分配効果の強化について検討する．

　第3章では，個人所得課税のうち個人住民税に焦点を当て，分析を行う．日本の個人所得課税制において，国税である所得税とともに地方税である個人住民税が中心的な役割を担っている．過去の個人住民税は所得税と同様に，超過累進税率を採用しており，所得格差の是正に一定の寄与を果たしていたと考えられる．

　現行の個人住民税所得割の税率は10%の比例税率であるものの，控除の

存在による課税最低限や各市町村において決定される非課税限度額によって，依然として累進税であることから，所得再分配効果を有する．以上のように，日本の個人住民税は，過去から現在にかけて，一貫して所得再分配効果を持つにもかかわらず，既存研究では所得税と個人住民税を合わせた個人所得課税の分析や所得税のみに焦点を当てた分析が大半を占めており，個人住民税のみの所得再分配効果を分析した研究はきわめて少ない．

そこで，第3章では第2章と同様に Fixed Income Approach を用いて，タイル尺度を算出し，個人住民税の税率および各種の控除の所得再分配効果をそれぞれ推計する．ただし，個人住民税は居住する地方自治体の公共サービスに対する対価という側面を持つ．したがって，所得税と異なり，その性質から公平性よりも応益性が重視される．このことを考慮に入れ，現在の個人住民税改革の議論と合わせて，個人住民税の所得再分配効果を考察する．

なお，第2章，第3章では，税制改革後の所得再分配効果に着目し，税の公平性の観点から分析を行うが，これらの分析では，税制改革前後で家計の行動が変化しないという仮定をおいている．しかし，個人所得課税の税制改革は家計の税負担や国の税収を変化させるだけでなく，家計の労働時間や就業形態の選択に大きな影響を与える．例えば，所得税が増税された場合，増税による可処分所得の減少を嫌い，労働供給を増やす世帯もあれば，増税によって余暇の価値が相対的に高まるため，労働供給を減らす世帯も考えられる．

そこで，第4章から第6章では，制度変更による家計の行動の変化を考慮に入れた behavior モデルを用いて，過去の税制改革あるいは今後求められうる税制のシミュレーション分析を行い，個人所得課税改革を評価する．第4章と第5章では，日本のマイクロデータと税制を用いて，それぞれ単身世帯と2人以上世帯を対象に分析を行う．

第4章では，家計の効用関数を CES 型に特定化し，マイクロデータを適用することで，税制改革が家計の労働や消費行動に与える影響について分析を行う．前述のように，所得税および個人住民税に関する制度変更は家計の

税負担だけではなく，労働供給や消費行動にも影響を及ぼしうる．そのため，税制改革の評価を行う場合は，家計の行動や経済厚生の変化も考慮に入れる必要がある．

日本の所得税と経済厚生に関する既存研究は数多く蓄積されているが，既存研究では集計データを用い，代表的なモデル世帯を仮定して分析を行っているため，税制改革が代表的なモデル世帯以外の厚生に与える影響を明らかにすることは難しい．そこで，第4章では，マイクロデータを用い，個々の家計の労働供給や消費行動等の変化を考慮に入れたうえで，税制改革前後の厚生を比較することで，過去の税制改革を評価する．さらに，税率や控除額を限界的に変化させた仮想的な税制を適用し，現行の税制からどのような改革を行うことで経済厚生が改善されるのかを検討する．

まず，改革前の税制として1988年の税制を想定し，世帯の効用水準，労働供給，消費額を算出する．改革後の税制として，1988年以降で大きな税制改革が行われた後の税制や2015年税制を適用する．税制改革前後の厚生比較の指標として，所得階級別，年齢階級別に2種類の社会的厚生関数を用いて，個人所得課税制の経年的な影響を明らかにする．また，税率と控除を限界的に変化させる仮想的な税制を用いて同様の分析を行うことで，今後の個人所得課税改革の方向性について検討する．

次に，第5章では，既存研究のbehaviorモデルのなかでも，とくによく用いられている離散選択型（discrete choice）モデルを用いて，税制改革による配偶者の労働供給の変化に焦点を当てた分析を行う．

近年，急速に進む人口減少を背景に，潜在的な労働力を有する女性の雇用の重要性が高まっている．このような中で，税制において女性の労働供給に影響を与える制度として配偶者控除の見直しが長年議論されてきた．ただし，配偶者の就業行動を対象とした分析の蓄積は十分になされているものの，既存研究では，賃金率の算定を行う際に，税引前賃金率を用いているものが大半であり，個人所得課税を含めたモデルを用いて，配偶者の労働供給の変化を分析している研究は少ない．また，データについても，世帯構成や

世帯主の所得の情報などが含まれていないデータを用いているため，世帯属性のコントロールが不十分である．そこで，第5章では世帯主と配偶者が存在する世帯を対象に，配偶者控除の見直しについて，シミュレーション分析を行うことで，仮想的な制度が配偶者の労働供給に及ぼす影響を明らかにする．

第6章では，第5章までと異なり，タイのマイクロデータおよび個人所得税制に着目し，分析を行う．現在の日本の女性の労働力率は徐々に高まってはいるものの，依然として他の先進国と比較して低い水準に留まっており，女性が十分に社会進出できているとは言えない．それに対してタイの女性の労働力率は，中進国のみならず，世界的に見ても高い水準にある．また，タイの個人所得税制は日本の所得税制と類似点が多く，女性の労働供給に対する影響という観点からも税制の観点からも，タイのデータを用いて，税制改革のシミュレーションを行うことは，今後の日本の税制改革を議論するうえで意義が大きいと考えられる．

さらにタイの個人所得税制は，日本の個人所得課税制と同様に多額の控除の存在によって税収が十分に得られていないという問題点を抱えている．したがって，以上の問題を解消するためのシミュレーション分析は，日本の税制改革のみならず，タイの税制改革においても有益な結果を示すことができる．そこで，第6章では，タイのマイクロデータに対して，離散選択型モデルを用いることで，控除の削減による税収の増加を目的とした税制改革がタイの男性，女性の労働供給，税収および経済厚生にどのような影響を与えるかを明らかにし，今後のタイの税制改革の方向性について検討を行う．

最後に終章では本書の内容を総括し，今後の個人所得課税改革のあり方を考察する．

本書は2015年に関西学院大学大学院経済学研究科へ提出した学位論文『個人所得課税における税制改革の評価：マイクロシミュレーションによる分析』（2016年3月16日学位授与番号34504甲第591号）を基礎とし，大幅に加筆修正したものである．しかしながら，本書の執筆に数年を要してい

ること，年度の古い匿名データを利用していることにより，本書で扱っている制度およびデータは最新の結果であるとは言えない．個票データの利用に関する制限およびマイクロシミュレーションで扱うデータの膨大さによる時間的制約からデータおよび分析結果の更新を断念している箇所もある．これらの点についてはご批判を甘受せざるを得ない．

　本書をこのような形で作成することができたのは，多くの先生方のご指導とご助力のおかげである．とくに関西学院大学経済学部上村敏之先生には，筆者が大学1年生の頃よりご指導いただき，大学院在籍時には恵まれた研究環境を与えていただいたこと，常に研究者として生活するための道を示していただいたことなど，上村先生よりいただいたご恩は言葉で言い表すことができない．

　また，学位論文を審査していただいた関西学院大学経済学部林宜嗣先生，京都産業大学経済学部八塩裕之先生，共著論文を本書に収録することをご快諾いただいた関西学院大学経済学部栗田匡相先生と甲南大学経済学部足立泰美先生，他大学の学生にもかかわらず，ご指導いただき研究会での報告の機会をいただいた大阪大学大学院国際公共政策研究科赤井伸郎先生には深く感謝申し上げたい．さらに，本書の各研究について，日本経済学会，日本財政学会，その他の学会や研究会などで報告を行った際には，討論者の先生をはじめフロアの先生方からも数多くの有益なコメントをいただき，論文の質を高めることができた．また本書の分析で使用している総務省『全国消費実態調査』および厚生労働省『国民生活基礎調査』の匿名データは独立行政法人統計センター，神戸大学ミクロデータセンター（KUMiC），厚生労働省より提供を受けたものである．これらの先生方やデータ提供の関係者の方々にも深くお礼を申し上げたい．

　なお，本書の内容については，筆者がこれまで取得してきた独立行政法人日本学術振興会科学研究費助成事業科学研究費補助金，特別研究員奨励費「マイクロシミュレーションによる税・社会保障制度の分析（課題番号：15J03361）」および研究活動スタート支援「マイクロシミュレーションによ

る税と社会保障の実証分析（課題番号：16H07137）」による成果であり，本書の刊行に当たっては研究成果公開促進費（課題番号：18H5161）の助成を受けている．

　最後に，筆者にとって快適な研究・教育環境を提供くださる尾道市立大学経済情報学部の先生方や職員の方々にお礼を申し上げたい．

目次

はしがき　iii

第1章　マイクロシミュレーション分析の既存研究と日本のマイクロデータ……………………………………………1

1. マイクロシミュレーション分析の概要と制度評価における重要性　1
2. マイクロシミュレーションによる既存研究　3
3. 全国消費実態調査匿名データと国民生活基礎調査匿名データの特徴　8
4. 収入データの確定　12
5. 所得税，個人住民税の計算　16
6. まとめ　22

第2章　所得税制における税率と控除の所得再分配効果………25

1. 所得税制と所得再分配効果　25
2. 既存研究と本章の位置づけ　26
3. 分析で用いるデータ　29
4. 所得再分配効果の計測　31
5. 分析結果　43
6. まとめ　71

第3章　個人住民税における税率と控除の所得再分配効果……77

1. 個人住民税と所得再分配効果　77
2. 分析方法とデータ　78

3．分析結果　84

　　　4．まとめ　101

第4章　所得課税の経済厚生分析…………………………………………107

　　　1．日本の税制に関する経済厚生分析とマイクロ
　　　　シミュレーション　107

　　　2．モデル　109

　　　3．分析に使用するデータとデータ処理の方法　113

　　　4．シミュレーション分析　117

　　　5．まとめ　127

第5章　配偶者控除制度と有配偶女性の労働供給の変化……………129

　　　1．女性の労働の現状と税制改革　129

　　　2．配偶者控除制度に関する議論と制度改革　130

　　　3．既存研究と本章の位置づけ　138

　　　4．分析手法　140

　　　5．推定結果　150

　　　6．まとめ　154

第6章　タイの個人所得税改革による労働供給への影響……………157

　　　1．タイの個人所得税制の現状　157

　　　2．タイの世帯構造と就業構造の変化について　165

　　　3．既存研究と本章の位置づけ　167

　　　4．離散選択型のモデルおよび推計　170

　　　5．データと個人所得税制改革案　172

　　　6．分析結果　179

　　　7．まとめ　188

終　章……………………………………………………………191

参考文献　199

税制改革に関する資料　203

初出一覧　205

索引　206

第1章
マイクロシミュレーション分析の既存研究と日本のマイクロデータ

1. マイクロシミュレーション分析の概要と制度評価における重要性

　本章では，次章以降の個人所得課税制の分析にあたって，マイクロシミュレーションの分析手法について解説する．マイクロシミュレーションとは，世帯ごとの世帯属性や所得などの膨大な情報量を有するマイクロデータを用いて，シミュレーション分析を行うことで，種々の分野における制度変更の影響を明らかにするものである．近年，日本でも税・社会保障の分野におけるマイクロシミュレーション分析が徐々に広まってきている．

　これまで日本の既存研究では，夫婦と子ども2人世帯や単身世帯などの代表的なモデル世帯を想定して，税・社会保障改革の影響を分析する研究が多くなされてきた．しかし，現実には3世代が同居している世帯もあれば，子どもが1人あるいは3人の世帯もある．あるいは，同じ夫婦と子ども2人世帯であっても，配偶者が就業している世帯，非就業である世帯，子どもが小学生である世帯，大学生である世帯など社会には多様な形態の家計が存在する．そのため，分析で用いる代表的なモデル世帯の選択には恣意性がともなう．さらに，この手法では代表的なモデル世帯への影響は試算できるが，社会に存在するその他の多数の世帯に対する影響を考慮に入れることができない．

　これに対して，マイクロシミュレーションでは，実際に社会に存在するさ

まざまな世帯形態を含めた，いわゆるマイクロデータに基づいて分析を行う．日本で利用可能なデータとしては，総務省『全国消費実態調査』や厚生労働省『国民生活基礎調査』などの個票データが挙げられる．これらのデータは大規模な調査対象の世帯が調査票に記入を行うため，未記入や誤記入の問題や異常値が発生する可能性もある．しかし，それらの問題を補って余りあるメリットがある．

第1に，その標本数である．マイクロデータ，とくに公的データの個票データの標本数は数万を超えることもあり，さまざまな推定に使用できる．

第2に，集計データでは得られないデータを得られる点である．集計データではデータの限界として行われなかった分析もマイクロデータを利用すれば行える可能性がある．

第3に，マイクロデータでは，家計ごとにさまざまな世帯属性のデータを得られるため，分析対象とする経済主体の世帯属性の多様性（世帯構成，年齢，収入など）を考慮に入れて制度改革の影響を分析できる．多様なライフスタイルのもと，世帯属性も大きく変化している現状を考えると，世帯属性を考慮に入れた分析は，有益な政策的インプリケーションにつながると考えられる．また，シミュレーションを行った場合，世帯属性ごとに政策によって恩恵を受ける者と負担が増える者をより精緻かつ明確に判断することができる利点もある．

このため，欧米ではマイクロシミュレーションを用いた税・社会保障に関する研究が数多く行われている[1]．日本でもマイクロシミュレーションを用いた研究は増えているが，データの利用に関する制限が厳しいこともあり，欧米諸国に比べると既存研究ははるかに少ない．

本章の目的は，近年，欧米を中心に盛んに行われている税・社会保障のマイクロシミュレーションに関する既存研究を展望したうえで，本書の分析に必要となるマイクロデータの処理方法を具体的に示し，次章以降の分析の再

---

1) 海外では，税・社会保障のみならず，健康・医療や空間経済の分野でもマイクロシミュレーションが用いられている．

現性を高めることによって，今後のマイクロシミュレーション分析の発展に貢献することである．

本章の構成は次の通りである．第2節では国内外で行われている既存研究を展望し，第3節で本書の分析で主として用いるマイクロデータの概要について触れた後，第4節でデータ処理の方法について述べる．第5節では本章の内容をまとめることで結びとする．

2. マイクロシミュレーションによる既存研究

2.1 欧米諸国における既存研究

欧米諸国では，Orcutt（1957）によってマイクロシミュレーションの分析手法が紹介されて以来，税・社会保障に関する研究を中心に，マイクロシミュレーションを用いた研究が数多くなされてきた．欧米の研究の成果をまとめたものとして，Harding（1996），Gupta and Kaper（2000），Mitton, Sutherland and Weeks（2000），Zaidi, Harding and Williamson（2009）などがある．

ここでは，近年行われている研究を中心に，マイクロシミュレーションを用いて税制や社会保障制度を分析している既存研究を紹介する．

マイクロシミュレーションモデルを大きく分けると，制度改革後の一時点での影響を分析する静的（static）モデルか，ある時点での制度改革が長期にわたって及ぼす影響を分析する動的（dynamic）モデルかということと，労働供給や消費行動の変化を考慮に入れている（behavior）モデルか行動変化を考慮に入れていない算術的（arithmetical）モデルかということによって，分類できる[2]．

1990年代にはコンピューターの性能が発達していなかったこともあり，もっとも単純なモデルである静的算術的モデルによる分析が数多く行われて

[2) 各モデルの説明については矢田（2010）が詳しい．

きた．しかし，現在の欧米諸国の研究では，1カ国を対象とした静的算術的モデルの研究はほとんど行われておらず，複数の国を対象とした静的算術モデル，さらには behavior モデル，動的モデルが主流となっている．

静的算術的モデルには，制度改革による行動の変化や長期的な影響を推計することができないという問題が存在する．例えば，労働市場に関していえば，ある特定のグループに対して労働市場への参加をうながすことを意図して制度改革が行われる場合もあるが，算術的モデルでは労働供給の変化をとらえることができない．

そこで近年では，労働供給を考慮に入れた behavior モデルによる研究が数多く行われている．behavior モデルのサーベイを行っている論文として，Borguignon and Spadaro（2006），Creedy and Duncan（2002）が挙げられる．また behavior モデルの分析手法を詳しく解説している既存研究として，Creedy and Kalb（2005a, b）などがある．とくに，労働供給のモデルに関しては，離散選択型（discrete choice）モデルを用いた研究が多く見られる．この手法は労働時間を外生的にいくつかの選択肢として与え，モデル内の個人（あるいは家計）はその選択肢のなかから労働時間を選択するというものである．連続選択型モデルよりも非線形，非凸の予算制約への対処がしやすく，労働の金銭的，心理的固定費用の存在も考慮に入れたうえで分析できるメリットがある．

例えば，Labeaga, Oliver and Spadaro（2008）では，労働者には離散選択型モデルを，年金所得者や学生などの非労働者には算術的モデルを用いて，スペインで 1999 年に行われた所得税改革の影響を効率性と社会的厚生の観点から分析している．さらに，仮想的な税制である 2 種類のフラットタックス（Basic Income-Flat Tax: BIFT と Vital Minimum-Flat Tax: VMFT）を導入した際の影響についても同様の分析を行い，1999 年の制度改革は経済の効率性にあまり影響を与えないが，BIFT のシミュレーションでは，もっとも貧しい家計の厚生が大きく上昇することを示している．

Creedy, Herault and Kalb（2011）は，オーストラリアの behavior マイク

ロシミュレーションモデルである MITTS (the Melbourne Institute Tax and Transfer Simulator) を用いて，所得税の税率を 5% 引き上げる仮想的な所得税改革が家計の所得，厚生，税収に与える影響を分析している．

Immervoll et al. (2011) は，ユーロ圏の 15 カ国を対象に，一般的な非線形の税・社会保障制度のもとで，夫と妻の 2 人世帯が家計で 1 つの効用関数を持つ場合と家計内の個人が異なる効用関数を持つ場合に分けて，税・社会保障の最適な制度を分析している．彼らは，夫婦がそれぞれ所与の時間に対する労働参加を決定するような behavior モデルを用いている．分析の結果，労働供給の所得効果が無い場合には，家計の効用関数の違いによる影響はないが，所得効果がある場合は，家計の効用関数の違いによって最適な税・社会保障制度が異なることが示されている．

Eissa, Kleven and Kreiner (2008) はアメリカで過去に行われた 4 度の税制改革によって，シングルマザーの所得や税率がどのように変化したのかを分析している．4 つの改革すべてがシングルマザーの所得増加をもたらし，その所得の増加の大部分は，初期時点で働いていた者からではなく，あらたに労働市場に参加した者から生じているという結果を得ている．

behavior モデルとともに，数多く行われている分析として動的モデルがあげられる．動的モデルのサーベイ論文としては Zaidi and Rake (2002)，Cassells, Harding and Kelly (2006)，Harding (2007) などがある．

van Sonsbeek and Alblas (2012) は，時間とともに，就業状態や労働供給が変化する可能性を考慮に入れた動的マイクロシミュレーションを用いて，オランダの就労不能給付の受給者数の長期的な推計を行っている．2000 年の制度加入率が継続すると，2040 年までに就労不能給付の受給者が労働者の 17〜20% を占めることになるが，適用資格を厳しくすることでこの値は半分ほどまで減少するという結論を得ている．

また，behavior モデルと動的モデルを組み合わせたモデルの分析も行われている．Lefebvre and Orsini (2012) は，動的離散選択型モデルを用いて，4 つの制度改革 (① 65 歳よりも前に年金を受給する際の給付額の減少，②

年金受給年齢の引き上げ，③62歳以降も働くことによる年金受給額の上昇，④早期退職年齢を60歳で一本化）によるベルギーの高齢労働者の労働供給の変化を分析している．改革①と改革③では平均退職年齢はほとんど変化しないが，改革②と改革④では平均退職年齢が増加し，とくに改革④では基本の制度と比べて退職年齢が1.6歳増加するという結果を得ている．

　データの整備がすすんでいる欧米では，仮想的な制度改革が与える影響を各国間で比較するような分析も行われている．Kalb and Thoresen（2010）では，オーストラリアとノルウェーの就学前の子どもがいる世帯を対象として，一方の国の家計支援策を他方の国のマイクロシミュレーションモデルに適用する場合と，両国の保育にかかる費用を減少させた場合の労働供給の変化と制度の再分配効果について議論している．分析の結果，保育費用を減少させると，両国とも労働供給は増加するが不平等が促進されるという労働供給と所得再分配のトレードオフが存在すること，制度の入れ替えによって，ノルウェーは労働供給が大きく減少し，オーストラリアは再分配効果が大きく減少することが示されている．

　Paulus and Peichl（2009）は，EUの税と社会保障給付の分析に用いられているマイクロシミュレーションモデルのEUROMODを用いている．西ヨーロッパの10カ国に税率と給付額が異なる3種類のフラットタックス制度を導入し，ジニ係数，制度変更により便益を受ける者と損失を被る者の割合，限界実効税率の変化を各国間で比較している．

　Figari, Iacovou, Skew and Sutherland（2012）は，オーストリア，イタリア，スペイン，ハンガリーを対象に，租税や社会保障給付のデータについて，調査データの値をそのまま用いる場合と，実際の税制をマイクロデータに適用し算出した理論値を用いる場合とでは，不平等尺度や貧困率などの値に違いがあるか否かを検証している．分析の結果，手法の違いによる不平等尺度や貧困率の差はわずかであるという結果を得ている．

　この他にも，マイクロシミュレーションモデルと応用一般均衡モデルを組み合わせたモデルでの分析（Magnani and Mercenier（2009），Peichl（2009））

や財・サービスの消費のタイミングについて集計したマイクロデータを用いた分析（Merz, Hanglberger and Rucha（2010））がなされるなど，欧米では新たなマイクロシミュレーションモデルの開発や既存モデルの改良が行われている．

2.2 日本における既存研究

日本では，2000年代以降，徐々に研究が蓄積されつつある．例えば，マイクロシミュレーションを用いて，所得税の制度改革を分析している既存研究としては，橋本・上村（1997），田近・古谷（2003），田近・古谷（2005），古谷（2003），田近・八塩（2006），田近・八塩（2008），白石（2010），北村・宮崎（2013）などが，消費税について分析している既存研究としては八塩・長谷川（2009）があげられる．

田近・古谷（2003）はマイクロシミュレーションモデル TJMOD（Tax Japan Model）を用いて，配偶者控除，配偶者特別控除を廃止した際の税負担率の変化や所得税の税収の変化を分析している．さらに，当時の所得税制のもとでの限界税率と控除廃止後の限界税率を比較することで，配偶者控除，配偶者特別控除が既婚女性の労働供給に歪みを与えているかどうかを分析している．

田近・八塩（2006）は，マイクロシミュレーションを用いて，所得控除により課税ベースが侵食されていること，控除が高所得者の税負担を軽減していることを明らかにしている．さらに所得控除の一部を廃止し，給付つき税額控除を日本に導入すると，課税ベースが大きく拡大する一方で，低中所得階層の税負担率が減少するという結果を得ている．

田近・八塩（2008）は，田近・八塩（2006）の給付つき税額控除の還付を社会保険料負担の軽減で行う制度を導入すると，勤労世帯では税負担が微減し，年金世帯では微増する，つまり勤労世帯への所得の再分配が行われるという結果を得ている．さらに，若年の低所得者に対して還付を手厚くする制度を導入すると，低所得者の税負担は少なくなるものの，税負担が高所得者

に偏りすぎるという問題点も指摘している．

　白石（2010）は静的マイクロシミュレーションモデルの JPITC（Japan Income Tax Credit）を用いて，諸外国の給付つき税額控除を日本に適用した場合の個人や世帯に与える税負担の変化や実施に必要な財源を推計している．制度によって給付つき税額控除が適用される世帯類型や適用金額は異なる．しかし，収入の1割前後の補助がなされることから，税制による所得再分配政策が用いられうることを示唆している．

　北村・宮崎（2013）は総務省『全国消費実態調査』の個票データを用いて，日本における所得不平等と所得税の所得再分配効果を分析している．1984年から2004年にかけて，所得不平等が大きくなっていることや，所得税の再分配効果が低下していると指摘している．さらに若年者において再分配効果が小さく，高齢者ほど再分配効果が大きいという結果を得ている．

　八塩・長谷川（2009）では，消費税率の引き上げが家計の税負担にもたらす効果について考察している．分析の結果，低所得者の負担軽減策としては食料品への軽減税率よりも，所得税における給付つき税額控除の導入が有効であることを示している．

　この他にも，児童手当や子ども手当が家計に与える影響を分析した研究（阿部（2003），高山・白石（2010），土居（2010））や医療保険改革の影響を分析した研究（古谷（2003），阿部（2008））なども行われている．

3. 全国消費実態調査匿名データと国民生活基礎調査匿名データの特徴

　マイクロデータは世帯属性，所得および消費額等のさまざまなデータを含んでいる．しかし，必ずしも1つのデータで分析に必要なすべての項目を賄うことができるとは限らない．例えば，税制を分析対象とする場合，所得に関するデータが存在したとしても，所得税や個人住民税および社会保険料に関するデータが存在しない，あるいは存在する場合でも，信憑性に欠ける場合がある．そのような問題に対処するためには，マイクロデータに何らかの

処理を行うことによって，分析に必要なデータを得る作業が必要となる．

しかし，既存研究では雑誌のページ数の制限や処理の複雑さのため，処理方法について詳細に記述されることが少ない．また，本書で使用する匿名データを用いた研究自体が少ないこともあって，分析者以外には細かなデータ処理が不透明となっている．そこで，本節以降は，マイクロデータの処理について具体的な手法を示すことで，分析の再現性を高め，今後のマイクロデータを用いた分析の発展に貢献することを目的とする．

以下では，次章以降の分析で用いる 1989 年，1994 年，1999 年，2004 年の総務省『全国消費実態調査』（以下，全消とする）匿名データおよび 2004 年の厚生労働省『国民生活基礎調査』（以下，基礎調査とする）匿名データの処理の方法について述べる．なお，「 」内の語句はデータの項目名である．

まず，全消匿名データおよび基礎調査匿名データについては，それぞれのデータの特徴，匿名化措置（基礎調査匿名データの場合は秘匿措置）が異なるため，この 2 つのデータについて触れる．なお，本章以降のデータ処理および分析はほぼすべて fortran と stata（第 5 章と第 6 章の乱数の作成には matlab）を使用して行っている．

3.1 全国消費実態調査匿名データ

全消は家計の収支および家計資産を総合的に調査し，全国および地域別の世帯の消費，所得，分布などを明らかにすることを目的とした大規模調査である．2014 年度の調査では，約 5 万 6,400 世帯を対象として調査を行っている．調査対象はいくつかの例外を除いて，2 人以上の世帯と単身世帯に分けて調査が行われる[3]．標本世帯の抽出は市部では 2 段抽出法が用いられ，郡部では層化 3 段抽出法が用いられる[4]．

---

[3] 例えば，2 人以上世帯では，外国人世帯や料理飲食店や旅館を営む併用住宅の世帯，単身世帯では，学生の単身者，雇用者を同居させている単身者などが調査対象から外れる．

本書で用いる全消匿名データは，統計法に基づき，全消の調査票情報を加工し，特定の個人または法人その他の団体の識別ができないような処理（匿名化措置）が施されたデータである．全消匿名データは独立行政法人統計センターより提供を受けることができ，2018年現在，1989年，1994年，1999年，2004年のデータを用いることができる[5]．

全消匿名データは匿名化措置として，データのリサンプリング，特異なレコードの削除，年齢や収入のトップコーティングおよびボトムコーティング，分類事項の程度を粗いものとするリコーディングが行われている[6]．以上の措置が行われているものの，全消匿名データには，世帯ごとの食料や衣類など各種の支出額に関するデータだけでなく，世帯内の世帯員1人ひとりにつき，世帯主との続柄，年齢，性別，職業などの個人属性のデータが存在する．また，他の匿名データではリコーディングが行われ，100万円単位の区分でしか得ることができない世帯収入を把握できるだけではなく，月平均ではあるが世帯主，配偶者，その他の世帯員の勤め先収入や年金収入のデータを得ることができる．

本書のように個人所得課税を適用するシミュレーションを行う際には，世帯の収入ではなく，世帯員個々人の収入が必要となるため，収入に関する詳細なデータを得られることは，全消匿名データの大きなメリットである．

全消匿名データでは単身世帯と2人以上世帯のデータが別個に存在し，それぞれの行数が世帯数となっている．すなわち，1行にそれぞれの世帯に関するデータがすべて収められている．2004年データの場合，単身世帯の世

---

4) 市部では，第1次抽出として調査単位区，第2次抽出単位として世帯をとり，郡部では第1次抽出として町村をとり，調査単位区，世帯の順に抽出が行われる．
5) 全消の他にも，総務省『国勢調査』，『労働力調査』，『住宅土地統計調査』，『就業構造基本調査』，『社会生活基本調査』の匿名データがある．
6) 具体的には，全消データの調査客体から80%を再抽出（リサンプリング），世帯人員が8人以上の世帯は削除（特異なレコードの削除），年齢が85歳以上の場合は85歳以上と表記（トップコーティング），年齢を5歳階級で表記，地理区分を3大都市圏か否かだけのみに限定（リコーティング）などである．

帯数が3,936世帯，2人以上世帯の世帯数が4万3,861世帯，1世帯につき1,780個のデータ項目が得られるため，最大で8,500万超（= (3,936+43,861)×1,780) のデータを扱うこととなる．しかし実際には，これらのデータすべてを用いることはないため，分析に応じて使用するデータを抽出するプログラムを独自に作成することが必要である．

3.2 国民生活基礎調査匿名データ

基礎調査は世帯表，健康表，介護表，所得表，貯蓄表を用いて，所得や健康状態などの把握を目的とした大規模調査である．調査対象は全国の世帯および世帯員であり，層化無作為抽出した地区内の世帯が調査客体となる[7]．世帯表では世帯主との続柄，性，生年月日など，健康表では健康意識や受診状況など，介護表では世帯員の要介護度の状況など，所得表では前年1年間の所得や課税等の状況，貯蓄表では貯蓄現在高および借入金額などを調査事項としている．またサンプルの秘匿性を確保するため，もとのデータに各種の秘匿措置が施されている．全消匿名データの匿名化措置と同様に，リサンプリング，レコードの削除，トップコーティングやボトムコーティングなどが行われる．2018年現在，2001年，2004年，2007年，2010年のデータが利用可能である．

基礎調査匿名データは，世帯票および健康表を接続したデータAならびに世帯票，健康表，所得表および貯蓄表を接続したデータBの2種類のデータに分類される．全消匿名データと異なり，データの1行につき世帯員1人のデータが収められているため，行数≠世帯数であり，世帯の「総所得」のデータのように同世帯内で重複するデータが存在する．2004年データのサンプルサイズはデータAが9万9,299人（3万6,568世帯），データBが1万6,070人（5,718世帯）である．

基礎調査匿名データからもさまざまな情報を得ることができるものの，本

---

[7] ただし，単身赴任者，出稼ぎ者，長期入院者など一部の世帯については調査の対象から除外されている．

書の分析で必要不可欠な収入に関するデータが世帯の「総所得」,「企業年金・個人年金」のみであり,個々人の収入および収入の内訳が不明である.したがって,次章以降の分析では,全消匿名データを主なデータとして用い,基礎調査匿名データは全消匿名データに欠けている労働供給のデータをマッチングによって与える際に補助的に用いる[8].

4. 収入データの確定

各世帯の所得税,個人住民税を算出する際には,各世帯員の収入データが必要となる.しかしながら,全消匿名データ,基礎調査匿名データともに,すべての世帯員の収入を正確に把握できるデータは存在しない.そこで1989年,1994年,1999年,2004年の全消匿名データの収入に関するデータを用いて,世帯員個々人の収入および所得を算出する.

4.1 勤め先収入データの割り当て

全消匿名データには,収入に関するデータとして,調査時期における平均の収入である「経常収入」が存在する[9][10].「経常収入」は家計の定期性,再現性のある収入であり,「勤め先収入」,「事業・内職収入」,「本業以外の勤め先・事業・内職収入」および「他の経常収入」の項目から構成される.しかし,「事業・内職収入」には世帯主の収入データが存在せず,世帯主以外の世帯員の「事業・内職収入」に関しては,受け取った収入のうち,家計に入れた分の収入データしか記載されていない.

---

[8] 労働供給に関するデータは基礎調査のデータBから得られるため,データBのみを用いる.

[9] 他にも「年間収入」というデータが存在するが,これは勤め先収入や家賃収入などの収入の内訳が不明である.また,世帯の収入であるので,世帯員ごとの収入が不明である.

[10] 二人以上世帯の値は9,10,11月の3カ月間,単身世帯の値は10月,11月の2カ月間の平均の収入である.

そこで以降の分析では収入データが明らかとなっている,「収入総額」内の「勤め先収入」,「公的年金給付」,「仕送り金」のデータを分析に使用する.したがって,世帯主の収入データが不明である世帯,つまり世帯主の「職業符号」が「商人及び職人」,「個人経営者」,「農林漁業従事者」,「法人経営者」,「自由業者」,「その他」,「家族従業者」である世帯は以降の分析から除外する.

また,「勤め先収入」には,「世帯主の勤め先収入」,「配偶者の勤め先収入」,「他の世帯員の勤め先収入」が存在し,世帯主と配偶者の勤め先収入は分かるものの,世帯主と配偶者以外の世帯員(以下,その他の世帯員とする)が2人以上いる場合には,「他の世帯員の勤め先収入」の世帯員別の内訳が不明である.そこで,「他の世帯員の勤め先収入」がゼロ以上かつ他の世帯員が2人以上いる世帯の世帯員に対して,「他の世帯員の勤め先収入」をそれぞれ割り当てる処理を行う.

まず,各世帯で労働しているその他の世帯員を明らかにする必要がある.これは,各世帯員の労働状態を表す変数である「勤務状態」のデータから,該当世帯員が労働者か否かを判断する[11].収入データである「他の世帯員の勤め先収入」には,「男の他の世帯員の勤め先収入」と「女の他の世帯員の勤め先収入」の2種類が存在する.したがって,世帯内にその他の世帯員が2人存在したとしても,それぞれの性別が異なる場合,男性の労働者には「男の他の世帯員の勤め先収入」を,女性の労働者には「女の他の世帯員の勤め先収入」を割り当てる.

次に同性の労働者が2人以上いる場合,厚生労働省『賃金構造基本統計調査』(以下,賃金センサスとする)を用いて,それぞれの世帯員に対して収入を割り当てるためのウェイトを作成し,そのウェイトに従って収入を割り振る.賃金センサスでは産業,年齢階級,男女別に「きまって支給する現金給与額」のデータを入手でき,全匿名データには各世帯員の属性として,

---

[11] 2004年データの場合は,「勤務状態」ではなく,「就業・非就業の別」のデータを用いる.

「産業符号」,「年齢5歳階級」,「性別」のデータが存在する．そこで，全消匿名データの個人属性と賃金センサスの産業，年齢階級，性別を属性として用いることで，マッチングを行い，すべてのデータの属性が一致した場合，全消匿名データの各世帯員に賃金センサスの「きまって支給する現金給与額」のデータを与える．

各世帯員に与えられた「きまって支給する現金給与額」を用い，勤め先収入のウェイトを作成し，「男の他の世帯員の勤め先収入」あるいは「女の他の世帯員の勤め先収入」のデータにウェイトを乗じたものを各世帯員の勤め先収入とする．

例えば，男性で就業している世帯員が2人おり，それぞれを世帯員A，世帯員Bとすると，世帯員Aおよび世帯員Bの収入ウェイト，勤め先収入は(1)式および(2)式で表すことができる．

$$\text{A(B)の収入ウェイト} = \frac{\text{A(B)の「きまって支給する現金給与額」}}{\text{AとBの「きまって支給する現金給与額」の和}} \tag{1}$$

$$\text{A(B)の勤め先収入} = \text{「男の他の世帯員の勤め先収入」} \times \text{A(B)の収入ウェイト} \tag{2}$$

以上の方法によって，その他の世帯員に勤め先収入を与える．

4.2 賞与の計算

個人所得課税の税負担額を算出する際には，年間の収入データが必要となる．また多くの場合，正規雇用であれば年間の収入には賞与が含まれる．しかし，「勤め先収入」は調査時期における1カ月平均のデータであるため，賞与が含まれていない．そこで，前項と同様に賃金センサスと全消匿名データをマッチングさせることで各世帯員の年間賞与を計算した．

まず世帯主と配偶者を含めた世帯員のなかから「勤務状態」のデータが「普通」である世帯員を抽出する[12]．次に，前項と同様に，全消匿名データの世帯員の属性と賃金センサスの産業，年齢階級，性別をマッチングさせ，

すべてのデータの属性が一致した場合，その世帯員に賃金センサスの「きまって支給する現金給与額」および「年間賞与その他特別給与額」のデータを与える．

「きまって支給する現金給与額」に対する「年間賞与その他特別給与額」の割合を賞与のウェイトとし，「勤め先収入」にそのウェイトを乗じたものを年間賞与とした．

$$年間賞与 = 「勤め先収入」 \times \frac{「年間賞与その他特別給与額」}{「きまって支給する現金給与額」} \quad (3)$$

以上の処理により，正規雇用である世帯員に対して，年間賞与を与える．最後に，「勤め先収入」のデータに 12 を乗じ，年間賞与を加えたものを各世帯員の年間給与収入とする．

4.3 公的年金給付の割り当ておよび仕送り金収入の決定

本項では，「公的年金給付」の処理方法について述べる．全消匿名データでは，公的年金に関するデータとして，「公的年金給付」が存在し，「公的年金給付」には厚生年金，国民年金，共済年金などが含まれる．「公的年金給付」のデータは，世帯の年金収入のデータであり，世帯員別に収入を得ることができない．そこで，一定の条件のもと，「公的年金給付」を特定の世帯員に割り当てる処理を行った．

まず，60 歳以上の世帯員が「公的年金給付」を受給していると考え，世帯内に 60 歳以上の世帯員が 1 人のみの場合，「公的年金給付」はその世帯員の収入とした[13]．次に世帯内に 65 歳以上の配偶者および女性の世帯員につ

---

12) 2004 年データの場合は，「就業・非就業の別」のデータが「就業」である世帯員を抽出する．
13) 現在では，特別支給の老齢厚生年金の支給年齢の引き上げが行われていることに加え，高年齢者雇用安定法の改正により，65 歳まで働く選択をする者が増加している．しかし 2004 年時点で 60 歳の者は老齢厚生年金を満額受給できるため，60 歳ですでに退職していると仮定し，「公的年金給付」の受給者を 65 歳ではなく 60 歳以上としている．

いては，国民年金の第3号被保険者であると仮定し，各年の老齢基礎年金を満額受給していると考える．世帯主および男性の世帯員の場合，「公的年金給付」から配偶者および女性の世帯員の年金給付額を差し引いた値を世帯主および男性の公的年金給付額として考える．同性の世帯員が複数いる場合は，「公的年金給付」を人数で等分する．

それぞれの世帯員に割り当てた公的年金給付額に 12 を乗じることで，年間年金収入とする．なお，「仕送り金」についても，データに 12 を乗じることで，年間の仕送り金とする．

5. 所得税，個人住民税の計算

前項までで算出した年間給与収入，年間年金収入のデータを用いて，各世帯員の所得税，個人住民税を計算する．本書で適用する所得税，個人住民税の主な控除および税率は表 1-1 のとおりである．なお，適用した税制は全消匿名データの年と一致するが，1989 年税制は 1994 年税制とほぼ違いがないため，1988 年税制を表示している．また，2 章から 5 章の分析では，近年の税制として 2015 年税制を用いる．

5.1 給与所得控除と公的年金等控除

まず，年間給与収入か年間年金収入が正の値をとる世帯員に対して，表 1-1 の制度を用いて，給与所得控除，公的年金等控除を設定する．給与所得控除は年間給与収入を得ている世帯員が控除の対象であり，各世帯員の年間給与収入のデータのみで控除額を求めることができる．

公的年金等控除は年齢によって定額控除および最低控除額が異なるため，世帯員の「年齢 5 歳階級」のデータを用いて 65 歳未満かどうかを判断し，年齢に応じて控除額を算出した．年間給与収入から給与所得控除を，年間年金収入から公的年金等控除を差し引くことで，世帯員ごとに所得を求める．なお，給与所得控除，あるいは公的年金等控除がそれぞれの収入額を上回る

第1章 マイクロシミュレーション分析の既存研究と日本のマイクロデータ　　17

場合，それぞれの所得はゼロである．

$$\text{所得} = (\text{年間給与収入} - \text{給与所得控除}) + (\text{年間年金収入} - \text{公的年金等控除}) \tag{4}$$

次に，所得から各種の所得控除を差し引くことで，所得税，個人住民税の課税対象所得を求める．本書の分析で使用する所得控除は基礎控除，配偶者控除，配偶者特別控除，扶養控除，社会保険料控除，老年者控除（2005年以降は廃止）である．したがって，各世帯員の課税対象所得は次の式で表すことができる．所得の算出の場合と同様に，控除額の和が所得を上回る場合でも，課税対象所得はゼロである．

$$\text{課税対象所得} = \text{所得} - (\text{基礎控除} + \text{配偶者控除} + \text{配偶者特別控除} \\ + \text{扶養控除} + \text{老年者控除} + \text{社会保険料控除}) \tag{5}$$

5.2　所得控除の設定

以下，本書で適用する所得税および個人住民税の所得控除の設定方法について説明する．基本的に，所得税と個人住民税の控除対象要件は同じである．

基礎控除については，所得がゼロ以上のすべての世帯員に対して，各年の税制の基礎控除を適用する．配偶者控除および配偶者特別控除については，配偶者が存在し，かつ配偶者が所得要件を満たしている世帯員に対して適用する[14]．また，配偶者の年齢が70歳以上である場合は，老人控除対象配偶者として配偶者控除を適用する[15]．なお，配偶者特別控除については2003年に制度が変更され，控除対象配偶者に対して，配偶者控除に上乗せされる部分が廃止されたため，本書でも2004年以降の税制では制度変更後の配偶者特別控除を適用している．

扶養控除については，世帯主との「続柄」，「年齢5歳階級」のデータおよび各世帯員の所得から，世帯内の控除対象扶養親族を特定し，扶養控除額を

表 1-1　分析対象とする個人

	給与所得控除	公的年金等控除	所得税 所得控除
1988 年	165 万円以下　40% 165 万円超　　30% 330 万円〃　　20% 600 万円〃　　10% 1,000 万円〃　　5% 最低控除額　57 万円	定額控除　　80 万円 (65 歳未満　40 万円) 定率控除 360 万円以下　25% 360 万円超　　15% 720 万円〃　　5% 最低控除額　120 万円 (65 歳未満　60 万円)	基礎控除　　33 万円 配偶者控除　33 万円 扶養控除　　33 万円 老年者控除　50 万円 社会保険料控除　支払額
1994 年	165 万円以下　40% 165 万円超　　30% 330 万円〃　　20% 600 万円〃　　10% 1,000 万円〃　　5% 最低控除額　65 万円	定額控除　　100 万円 (65 歳未満　50 万円) 定率控除 360 万円以下　25% 360 万円超　　15% 720 万円〃　　5% 最低控除額　140 万円 (65 歳未満　70 万円)	基礎控除　　35 万円 配偶者控除　35 万円 扶養控除　　35 万円 老年者控除　50 万円 社会保険料控除　支払額
1999 年	180 万円以下　40% 180 万円超　　30% 360 万円〃　　20% 660 万円〃　　10% 1,000 万円〃　　5% 最低控除額　65 万円	同上	基礎控除　　38 万円 配偶者控除　38 万円 扶養控除　　38 万円 老年者控除　50 万円 社会保険料控除　支払額
2004 年	同上	同上	同上 (ただし，配偶者特別控除と年少扶養控除に変更あり)
2015 年	180 万円以下　40% 180 万円超　　30% 360 万円〃　　20% 660 万円〃　　10% 1,000 万円〃　　5% 1,500 万円〃　245 万円 最低控除額　65 万円	定額控除　　50 万円 定率控除 360 万円以下　25% 360 万円超　　15% 720 万円〃　　5% 最低控除額　120 万円 (65 歳未満　70 万円)	基礎控除　　38 万円 配偶者控除　38 万円 扶養控除　　38 万円 老年者控除　廃止 社会保険料控除　支払額

備考)　財務省財務総合政策研究所『財政金融統計月報：租税特集』より筆者作成．

所得課税の主な制度

所得税		個人住民税	
税率	所得控除	税率（道府県＋市町村の標準税率）	
300万円以下 10% 300万円超 20% 600万円〃 30% 1,000万円〃 40% 2,000万円〃 50% 5,000万円〃 60%	基礎控除 28万円 配偶者控除 28万円 扶養控除 28万円 老年者控除 24万円 社会保険料控除 支払額	60万円以下 5% 60万円超 7% 130万円〃 10% 260万円〃 12% 460万円〃 14% 950万円〃 15% 1,900万円〃 16%	
300万円以下 10% 300万円超 20% 600万円〃 30% 1,000万円〃 40% 2,000万円〃 50%	基礎控除 31万円 配偶者控除 31万円 扶養控除 31万円 老年者控除 48万円 社会保険料控除 支払額	160万円以下 5% 160万円超 10% 550万円〃 15%	
330万円以下 10% 330万円超 20% 900万円〃 30% 1,800万円〃 37%	基礎控除 33万円 配偶者控除 33万円 扶養控除 33万円 老年者控除 48万円 社会保険料控除 支払額	200万円以下 5% 200万円超 10% 700万円 13%	
同上	同上 （ただし，特定扶養控除に変更あり）	同上	
195万円以下 5% 195万円超 10% 330万円〃 20% 695万円〃 23% 900万円〃 33% 1,800万円〃 40% 4,000万円〃 45%	基礎控除 33万円 配偶者控除 33万円 扶養控除 33万円 老年者控除 廃止 社会保険料控除 支払額	一律10%	

算出した．具体的には，扶養控除の所得要件は配偶者控除の所得要件と同様であるため，配偶者控除の所得要件の確認を世帯員ごとに行う．ただし，所得要件を満たしていたとしても，データの「続柄」が「使用人・同居人」である世帯員は扶養親族とみなさない．

次に，控除対象扶養親族のうち，控除額が異なる特定扶養親族，老人扶養親族（同居老親，同居老親以外の者），年少扶養親族を特定する[16]．まず，特定扶養親族は年齢が 16 歳以上 23 歳未満（2015 年税制では 19 歳以上 23 歳未満）の要件を満たす必要があるが，全消匿名データの年齢に関するデータは 5 歳階級のデータのみである．そこで，「年齢 5 歳階級」のデータに加えて「学校の種類」のデータを用いることで特定扶養親族の判断を行った．年齢が「15〜19 歳」の区分では，「学校の種類」が「高校」あるいは「在学者以外」である世帯員を，年齢が「20〜24 歳」の区分では「学校の種類」が「大学」である世帯員を特定扶養親族として設定する．

また，2015 年税制の場合，年齢が「20〜24 歳」の区分での処理は同じであるが，年齢が「15〜19 歳」の区分では，「学校の種類」が「中学」，「高校」以外の世帯員を特定扶養親族とする．なお，2015 年税制では，2010 年の税制改正による 16 歳未満の扶養控除の廃止，16〜18 歳の特定扶養控除の上乗せ部分の廃止を考慮に入れている．

---

14) 配偶者控除の所得要件は，1988 年は給与所得等のみの場合 33 万円，その他の所得のみの場合 10 万円，両者がある場合は給与所得等の金額の 3.3 分の 1 とその他所得との合計金額が 10 万円以下，1994 年は合計所得金額が 35 万円以下，1999 年以降は合計所得金額が 38 万円以下である．配偶者特別控除については，控除対象配偶者以外の配偶者については，1988 年は 49.5 万円未満，1994 年は 70 万円未満，1999 年は 76 万円未満，2004 年以降は 38 万円以上 76 万円未満であれば，所得金額に応じて，控除を受けることができる．詳しくは財務省財務総合政策研究所『財政金融統計月報：租税特集』を参照のこと．
15) 老人控除対象配偶者の場合，所得税であれば表 1-1 の控除額に 10 万円（88 年税制の場合は 6 万円）を加算した金額が配偶者控除額となり，個人住民税であれば表 1-1 の配偶者控除額に 5 万円（88 年税制の場合は 1 万円）を加算した金額が配偶者控除額となる．
16) 年少扶養親族については，1999 年の所得税制のみに適用される．

老人扶養親族については，年齢が70歳以上の世帯員を抽出し，「続柄」から親であると判定できる世帯員については同居老親，兄弟（姉妹）やその他の親族である場合は同居老親以外の者とする．それぞれの控除対象扶養親族に対応した金額を適用することで扶養控除額を算出する．また，老年者控除についても年齢をもとに判断し，年齢が65歳以上かつ所得が1,000万円以下の者に対して，老年者控除を適用する．

5.3 社会保険料および税負担額

最後に，社会保険料控除の計算のために各世帯員の社会保険料を算出する．全消匿名データには，「非消費支出」のデータ内に「社会保険料」のデータが存在するが，「社会保険料」は世帯のデータであることに加えて，世帯内に労働者がいるにもかかわらず社会保険料がゼロである世帯，収入に比べて明らかに社会保険料が少ない世帯が複数確認された．

そこで，本書では全消匿名データの「社会保険料」を用いずに，財務省が課税最低限の計算に使用している簡易計算法式を用いて算出した理論値を社会保険料として用いる[17]．具体的には，それぞれのデータに対して表1-2の計算方法を用いて，社会保険料を求めた．

以上の処理から得られた所得控除を用いて，課税対象所得を求め，課税対象所得に対して，所得税および個人住民税の超過累進税率（2015年の個人住民税については，10%の比例税率）を適用することによって，税負担額を算出する[18]．

---

[17] 社会保険料がゼロの世帯は，保険料未納世帯の可能性があるが，本書では税制が本来持つはずの経済効果を明らかにすることが目的であるため，このような処理を行った．

[18] 実際は課税対象所得に税率を乗じたものから税額控除を差し引いたものが最終的な税負担額であるが，全消匿名データからは税額控除を算出するためのデータがないことに加え，現在の日本の個人所得課税制度においては所得控除が中心的な役割を担っているため，本書では税額控除を考慮していない．

表1-2 社会保険料の算出方法

データ	収入		
1989年 1994年 1999年	500万円以下 7%	1,000万円以下 2%＋25万円	1,000万円超 45万円
2004年	900万円以下 10%	1,500万円以下 4%＋54万円	1,500万円超 114万円

備考) 財務省財務総合政策研究所『財政金融統計月報：租税特集』より筆者作成．

$$\text{所得税(個人住民税)負担額} = \text{課税対象所得} \times \text{超過累進税率} \quad (6)$$

次に，年間給与収入と年間年金収入の和から税負担額を減じることで，各世帯員の課税後所得を求める．

$$\text{課税後所得} = \text{年間給与収入} + \text{年間年金収入} - \text{所得税} - \text{個人住民税} \quad (7)$$

また，世帯収入は世帯内のすべての世帯員の年間給与収入，年間年金収入および仕送り金の和と定義し，世帯収入から各世帯員の所得税および個人住民税負担額を減じたものを世帯の課税後所得とする．

$$\text{世帯収入} = \text{世帯内の世帯員の年間給与収入} + \text{年間年金収入} + \text{仕送り金} \quad (8)$$

$$\text{世帯課税後所得} = \text{世帯収入} - \text{各世帯員の所得税(個人住民税)負担額} \quad (9)$$

6．まとめ

本章では，これまで国内外で行われたマイクロシミュレーション分析の既存研究を概観し，次章以降の分析で用いるデータの処理方法について，解説を行った．近年，日本でもマイクロシミュレーション分析が増えてきたとはいえ，これまで，主にデータの利用制限のために，まだまだ研究が十分にな

されているとは言えない．

　現在の日本を取り巻く環境は大きく変化しており，巨額の財政赤字，グローバル化の進展，世界で類を見ないほどの少子高齢化にともない，税・社会保障制度改革の議論が活発になると考えられる．このような状況に加えて，今後も日本の人口構造や家族構成などが変化することを考慮に入れると，制度改革の影響をマイクロシミュレーションによって精緻に分析することがますます重要となるだろう．

　マイクロデータを用いた分析は，世帯の多様性を考慮にいれることができ，サンプル数も多いことから非常に有益な政策提言を行うことができる．しかしながら，日本ではマイクロデータの利用制限が厳しいことに加えて，膨大なデータ量ゆえに，データの整理や処理にもさまざまな工夫が必要となる．これらの問題が日本でのマイクロシミュレーション研究を妨げるひとつの要因となっている可能性がある．

　今後，本分野の発展のために，匿名データのように比較的容易に利用できるデータの整備はもちろんのこと，手法やプログラムの公開などを行うことによって，分析に関する障壁を取り除いていくことが望まれる．

　次章以降では，本章で紹介した匿名データおよびタイのマイクロデータを用いて，個人所得課税について分析を行う．

第2章
所得税制における税率と控除の所得再分配効果

1. 所得税制と所得再分配効果

　1990年代後半から2000年代前半にかけて，日本では所得格差に関する議論が盛んになされてきた．日本の所得格差は拡大しているという議論がある一方で，大竹（2005）や小塩（2006）で指摘するように，所得格差拡大の原因は高齢化によるところが大きいという見解もある．税制が所得格差に与える影響を分析した研究も蓄積されており，日本の所得税制は所得格差の是正に寄与することが知られている．しかし，1980年代後半の抜本的税制改革以降，所得税制における税率の累進構造の緩和により所得再分配機能の低下が指摘されている．また，過去の税制改革によって税率のフラット化とともに，各種の控除額が拡充されてきたが，日本の所得税制はもともと控除額が多額であるため，控除額の拡充は低所得者よりも高所得者に対して税負担軽減効果が大きい．

　「平成24年度税制改正大綱」でも，この点を指摘しており，所得再分配機能を回復するための改革として，税率構造の見直しだけでなく，高所得者に対して有利な制度となっている所得控除の見直しによる課税ベースの拡大に加え，所得控除から税額控除・給付つき税額控除・手当へシフトするような改革をあげている．

　個人所得課税制は主に控除と税率から構成されており，所得再分配機能の

回復を目的に税制改革を考える際には，税制のどちらの要因によって，所得再分配機能が低下しているのかを明らかにしたうえで議論することが望ましい．そこで本章では，以上の点を踏まえ，1989年から2004年の全消匿名データを用いて，所得税の所得再分配効果における税率と控除による影響を明らかにする．

本章の構成は以下の通りである．第2節では日本の格差や税・社会保障制度の所得再分配効果について分析を行った既存研究を概観し，第3節では，データについて述べる．第4節で，分析手法について説明した後，第5節で各年における税制の所得再分配効果を税制の要因ごとに明らかにし，第6節で分析から得た結果をまとめ，結びとする．

2. 既存研究と本章の位置づけ

日本においては，1990年代頃から，格差に関する多くの研究が蓄積されている．例えば，大竹・齊藤（1999），大竹（2000, 2005），小塩（2010）などが挙げられる．

大竹（2000）は日本の所得格差の拡大傾向の原因をさまざまな要因ごとに分析している．1980年代，1990年代において日本の所得格差は拡大していること，格差拡大の主因は，人口高齢化と世帯構造の変化であることを示している．

小塩（2010）は，厚生労働省『国民生活基礎調査』の個票データを用いて，日本の所得格差の推移および所得格差の変化の要因を年齢階層内要因，年齢階層間要因，人口動態要因に分類して，どのような要因が所得格差に影響を与えたのかを明らかにしている．分析の結果，2000年代以降は格差が拡大しているとはいえないこと，高齢化の進展は全体の格差拡大につながるが，高齢層の所得格差は縮小していることを明らかにしている．

日本の既存研究においては，1980年代から1990年代にかけて，所得格差が拡大してきたことと，格差拡大の主因が高齢化にあることに関して，コン

センサスがあるように思われる．

　所得格差の研究が進んでいくにつれて，税・社会保障制度の所得再分配効果に焦点を当てた分析も行われるようになった．例えば，小塩（2004, 2006），橘木・浦川（2006），北村・宮崎（2013）などが挙げられる．

　橘木・浦川（2006）では，厚生労働省『所得再分配調査』のデータを用いて，1992年から2001年までのジニ係数の改善度を計測することで，日本の税制や社会保障制度が所得分配にどのような影響を与えているかを分析している．社会保障制度，とくに公的年金と医療の現物給付の所得再分配効果が大きいことと，税制による所得再分配効果はもともと大きくはないが，2001年には非常に弱くなっているという結果を得ている．

　北村・宮崎（2013）は，全消の個票データにFixed Income Approachを用いた分析を行うことで，1984年から2004年にかけて，所得税の再分配効果が低下していることを明らかにしている．さらに，若年者において再分配効果が小さく，高齢者ほど再分配効果が大きいことが示されている．

　近年では，データの整備が進み，マイクロデータを用いて，税制改革のシミュレーションを適用する研究も増えてきている．

　例えば，配偶者控除や配偶者特別控除が家計の税負担や税収に与える影響を分析した田近・古谷（2003）や給付つき税額控除の還付を社会保険料負担の軽減で行う制度を導入した場合の家計の税負担を分析した田近・八塩（2008）などがある．これらの研究では，所得控除が低所得者よりも高所得者の税負担を軽減するという問題点を指摘したうえで，控除を廃止した場合の家計への影響，控除の縮小によって得られる財源を用いて，仮想的な税制を適用した場合の家計への影響を分析している．

　以上のように，日本の既存研究では，税制による所得再分配効果が低下していることを指摘し，低所得者の税負担を軽減するような税制改革の導入の影響を分析している．しかしながら，税制の所得再分配効果を考える際には，個人所得課税のどのような要因が所得再分配効果の低下に寄与しているのかを明らかにする必要があるにもかかわらず，その点を明示した既存研究

は少ない．

　例えば，個人所得課税としては，所得税と個人住民税が考えられるが，所得税，個人住民税それぞれの所得再分配効果を分析した既存研究は，筆者の知る限り，林（1995），望月・野村・深江（2010）のみである．また，過去の税制改革において，税率あるいは控除のどちらの改革が所得再分配効果に影響を与えたかによって，今後の税制改革の方向性も変化する可能性があるが，個人所得課税の所得再分配効果を税率による効果と控除による効果に分類して分析している既存研究は望月・野村・深江（2010），Miyazaki and Kitamura（2014）のみである．

　本章では以上の問題意識から，全消匿名データを用いて，所得税における所得再分配効果がどのような要因によって影響を受けているのかを明らかにする．

　望月・野村・深江（2010）では，林（1995）の分析が，総務省『家計調査年報』を用いて，分析対象が勤労者世帯に限定される問題点を指摘している．一方，本章で用いる全消匿名データには，退職後の高齢世帯も含まれたデータであるため，異質な家計を考慮に入れて分析を行うことができる．

　本章では，望月・野村・深江（2010）および Miyazaki and Kitamura（2014）の分析手法をマイクロデータに適用し，タイル尺度を求めることで，所得税制の税率による所得再分配効果と控除による所得再分配効果を計測する．さらに，控除は税率を通して課税後所得に影響を与えることから，控除の税負担軽減効果に焦点を当て，独自に税率効果と控除効果を設定することで，各種の控除ごとの控除効果を算出し，それぞれの影響を明示する．次に，所得階級別，年齢階級別，主とする収入別のグループごとに所得税制のそれぞれの効果を明らかにすることで，どのような性質を持った世帯に対して，所得再分配効果がどのように影響しているのかを明らかにする．

3. 分析で用いるデータ

本章では，マイクロデータとして各世帯の世帯員ごとの給与収入や年金収入を得られる全消匿名データを用いる．2018年現在，1989年，1994年，1999年，2004年の全消匿名データが利用可能であるため，それら4年分のデータを用いる．全消匿名データの特徴と処理方法については，第1章で詳しく述べている．

各年データの標本数は，1989年は4万7,780世帯，1994年は4万8,500世帯，1999年は4万8,522世帯，2004年は4万7,797世帯である．しかしながら，収入データが存在せず，所得税額が計算できない世帯は分析から除外する[1]．その結果，分析対象として用いるサンプルは，1989年は3万4,083世帯，1994年は3万7,959世帯，1999年は3万8,786世帯，2004年は3万7,658世帯である．

本章で使用した税制の控除および税率は表2-1のとおりである．第1章にて示したように，1988年，1994年，1999年，2004年，2015年税制を適用することで算出される世帯の所得税課税後所得（以下，課税後所得とする）を使用する．

1989年から1994年の期間を除いて，次のデータの取得年までの間に税率や控除などの税制改革が行われているため，データの取得年の税制を用いることで，税制改革による所得再分配効果の変化を計測することができる．ただし，第1章で述べたとおり，1989年と1994年税制はほぼ同じ税制であるため，1989年のデータには1988年税制を適用する．また，本章の分析では，世帯間の人員数を調整するため，Miyazaki and Kitamura (2014) や OECD 等の分析にならい，世帯収入と課税後所得に等価所得の概念を用いる．なお，各年の控除額および税率のブラケットの金額は国税庁『民間給与実態統

---

1) 例えば，全消匿名データの「職業符号」が「法人経営者」，「個人経営者」，「商人及び職人」の世帯員を分析対象から除外する．

表 2-1 分析対象の所得税制

	給与所得控除	公的年金等控除	所得控除	税率
1988年	165万円以下 40% 165万円超 30% 330万円〃 20% 600万円〃 10% 1,000万円〃 5% 最低控除額 57万円	定額控除 80万円 (65歳未満 40万円) 定率控除 360万円以下 25% 360万円超 15% 720万円〃 5% 最低控除額 120万円 (65歳未満 60万円)	基礎控除 33万円 配偶者控除 33万円 配偶者特別控除 最高16.5万円 扶養控除 33万円 老人扶養親族 39万円 うち老親 46万円 老年者控除 50万円 社会保険料控除 支払額	300万円以下 10% 300万円超 20% 600万円〃 30% 1,000万円〃 40% 2,000万円〃 50% 5,000万円〃 60%
1994年	165万円以下 40% 165万円超 30% 330万円〃 20% 600万円〃 10% 1,000万円〃 5% 最低控除額 65万円	定額控除 100万円 (65歳未満 50万円) 定率控除 360万円以下 25% 360万円超 15% 720万円〃 5% 最低控除額 140万円 (65歳未満 70万円)	基礎控除 35万円 配偶者控除 35万円 配偶者特別控除 最高35万円 扶養控除 35万円 特定扶養親族 50万円 老人扶養親族 45万円 うち老親 55万円 老年者控除 50万円 社会保険料控除 支払額	300万円以下 10% 300万円超 20% 600万円〃 30% 1,000万円〃 40% 2,000万円〃 50%
1999年	180万円以下 40% 180万円超 30% 360万円〃 20% 660万円〃 10% 1,000万円〃 5% 最低控除額 65万円	同上	基礎控除 38万円 配偶者控除 38万円 配偶者特別控除 最高38万円 扶養控除 38万円 年少扶養親族 48万円 特定扶養親族 63万円 老人扶養親族 48万円 うち老親 58万円 老年者控除 50万円 社会保険料控除 支払額	330万円以下 10% 330万円超 20% 900万円〃 30% 1,800万円〃 37%
2004年	同上	同上	基礎控除 38万円 配偶者控除 38万円 配偶者特別控除 最高38万円 扶養控除 38万円 特定扶養親族 63万円 老人扶養親族 48万円 うち老親 58万円 老年者控除 50万円 社会保険料控除 支払額	同上
2015年	180万円以下 40% 180万円超 30% 360万円〃 20% 660万円〃 10% 1,000万円〃 5% 1,500万円〃 245万円 最低控除額 65万円	定額控除 50万円 定率控除 360万円以下 25% 360万円超 15% 720万円〃 5% 最低控除額 120万円 (65歳未満 70万円)	基礎控除 38万円 配偶者控除 38万円 配偶者特別控除 最高38万円 扶養控除 38万円 特定扶養親族 63万円 老人扶養親族 48万円 うち老親 58万円 社会保険料控除 支払額	195万円以下 5% 195万円超 10% 330万円〃 20% 695万円〃 23% 900万円〃 33% 1,800万円〃 40% 4,000万円〃 45%

備考) 財務省財務総合政策研究所『財政金融統計月報:租税特集』より筆者作成.

表 2-2　年齢階級ごとの世帯数，世帯収入および課税後所得の平均

		1989年	1994年	1999年	2004年
世帯数	若年世代	12,728	12,268	11,337	9,418
	中年世代	16,665	18,633	18,022	16,479
	高齢世代	4,690	7,058	9,427	11,761
	全体	34,083	37,959	38,786	37,658
世帯収入 (万円)	若年世代	307.14	340.01	339.57	324.41
	中年世代	410.76	454.85	452.33	411.79
	高齢世代	255.32	228.44	211.90	189.13
	全体	350.68	375.64	360.93	320.40
課税後 所得 (万円)	若年世代	295.00	324.90	325.54	312.24
	中年世代	387.55	425.96	426.19	392.16
	高齢世代	247.76	222.68	207.52	186.49
	全体	333.75	355.50	343.62	307.94

備考）　筆者作成．以下出所のない図表は同様．

計調査』の時系列データを用い，2004年を基準として，標準化を行っている．

$$\text{世帯収入}=\text{世帯内の世帯員の年間給与収入}+\text{年間年金収入}+\text{仕送り金} \tag{1}$$

$$\text{課税後所得}=\text{世帯収入}-\text{各世帯員の所得税負担額} \tag{2}$$

$$\text{等価所得}=\text{所得}/\sqrt{\text{世帯員数}} \tag{3}$$

したがって，本章の分析で用いる世帯収入，課税後所得は各世帯の人員数を調整した収入および所得である．表2-2は各年データの分析対象世帯数，世帯収入と課税後所得を示したものである．ここで，表2-2の若年世代は39歳まで，中年世代は40歳から59歳まで，高齢世代は60歳以上である．

4.　所得再分配効果の計測

本節では，格差指標のひとつであるタイル尺度を用いて，所得税制が持つ所得再分配効果をさまざまな要因に分解する．タイル尺度の定義は以下の通

りである．

$$T_x = \sum \frac{y_i}{n\mu} \log \frac{y_i}{\mu} \quad (4)$$

n：世帯数，y_i：世帯 i の所得シェア，μ：所得の平均

　タイル尺度の最大の特長は，格差指標をさまざまな要因に分解することが可能である点にある．グループ内タイル尺度とグループ間のタイル尺度を用いると，タイル尺度は (5) 式で示すことができる．

$$T_x = \sum_{k=1}^{K} \frac{n_k \mu_k}{n\mu} T_x^k + \sum_{k=1}^{K} \frac{n_k \mu_k}{n\mu} \log \frac{\mu_k}{\mu} \quad (5)$$

k：第 k グループ，n_k：第 k グループの人数，μ_k：第 k グループの平均所得
T_x^k：第 k グループのタイル尺度

また，第 k グループのタイル尺度は，(6) 式によって定義される．

$$T_x^k = \sum_{i=1}^{n_k} \frac{y_i^k}{n_k \mu_k} \log \frac{y_i^k}{\mu_k} \quad (6)$$

　図 2-1 は分析対象となる各年のデータを用いて算出した世帯収入と課税後所得から求めたタイル尺度を示している．図 2-1 から，所得税制が適用され

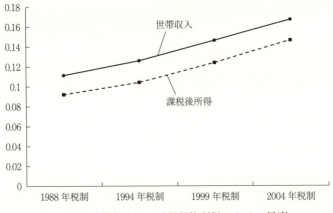

図 2-1　世帯収入および課税後所得のタイル尺度

る前の世帯収入および課税後所得ともに所得格差が拡大していることが分かる．表 2-2 から高齢世代の世帯収入が大幅に低下している一方で，高齢世代の世帯数は 1989 年から 2004 年にかけて急激に増加しているため，大竹 (2000) や小塩 (2006) が指摘しているように，図 2-1 の所得格差拡大は高齢化の影響によるところが大きいと考えられる．

4.1 各年の所得税の税制効果

本章の主たる目的は，各年の所得税制の所得再分配効果を示すことにあるため，以降では，タイル尺度をもとに計測した所得再分配効果を示す．まず，所得税の税制効果を (7) 式で定義する．

$$税制効果 = \frac{Y_{Theil} - (Y-T)_{Theil}}{Y_{Theil}} \tag{7}$$

ここで，Y_{Theil} は世帯収入のタイル尺度，T は所得税額，$(Y-T)_{Theil}$ は課税後所得のタイル尺度である．北村・宮崎 (2013) が指摘するように，各年のデータに対して各年の税制を適用した場合，年数が経過したことによる所得の変動や人口動態の変化が税制効果に含まれてしまう可能性がある．

そこで，本章の分析では，北村・宮崎 (2013) で用いている Fixed Income Approach を用いて分析を行う．Fixed Income Approach では，分析対象とするデータを基準年のデータに固定し，基準年のデータに対してさまざまな税制を適用するため，税制の変化以外の効果を除いて税制効果を導出することができる．また，所得のデータを固定するため，データの存在しない年の税制を適用することも可能である．本章では，データの存在する年の税制に加えて，2015 年税制を適用した場合の結果を示す．

表 2-3 は各年のデータに税制を適用した場合と Fixed Income Approach を用いて，データを固定したうえで，各年の税制を適用した場合の税制効果を示したものである．

各年データを適用した場合，1994 年の税制効果がもっとも大きく，2004 年の税制効果がもっとも低い．これは，Fixed Income Approach を用いた場

表 2-3　各年の税制効果（各年データと Fixed Income Approach）

		1988年税制	1994年税制	1999年税制	2004年税制	2015年税制
各年データ		0.105 —	0.110 (0.051)	0.093 (−0.155)	0.075 (−0.198)	— —
Fixed Income Approach	1989年	0.105 —	0.115 (0.092)	0.102 (−0.113)	0.096 (−0.059)	0.088 (−0.086)
	1994年	0.100 —	0.110 (0.100)	0.094 (−0.151)	0.093 (−0.012)	0.084 (−0.095)
	1999年	0.100 —	0.110 (0.093)	0.093 (−0.149)	0.093 (−0.007)	0.084 (−0.093)
	2004年	0.079 —	0.086 (0.082)	0.077 (−0.103)	0.075 (−0.027)	0.064 (−0.143)

備考）　下段の（　）は変化率である．

合も同様である．しかし，1999年から2004年にかけての変化率に関しては，大きな違いがある．各年データの場合，税制効果が大きく低下しているように見えるが，Fixed Income Approach を適用した場合，どのデータを用いても，1999年から2004年にかけての税制効果の変化率はもっとも小さい．実際に，この間の所得税制の主な変更は16歳未満の年少扶養親族に対する扶養控除の減額，および配偶者特別控除の上乗せ部分の廃止というような比較的小さな変更にとどまっているため，表2-3の結果はこの間の税制改革と整合的であると考えられる．

また，2004年データを用いた Fixed Income Approach の結果を見てみると，他年のデータの結果よりも税制効果が小さいことが分かる．したがって，各年データのもとで，2004年税制の所得再分配効果が低下するのは，税制の問題というよりもむしろ2004年データ自体に税制の所得再分配効果を弱める要因があると考えられる．

このように，各年のデータを用いた分析では，税制改革の影響を誤って解釈してしまう可能性があるため，以下の分析では Fixed Income Approach を用いてデータを2004年データに固定した場合の結果を示す[2]．

4.2 税率効果と控除効果

所得税制の所得再分配効果の議論において，税率と控除の影響を分割して考えることはきわめて重要である．しかしながら，この観点から実証的な分析を行っている既存研究は少なく，筆者が知る限りでは，望月・野村・深江（2010），Miyazaki and Kitamura（2014）のみである．

本章では，まず望月・野村・深江（2010），Miyazaki and Kitamura（2014）の既存研究でそれぞれ用いられている分析手法を参考に，税制，税率および控除の所得再分配効果を求める．次に，独自に税率効果と控除効果を定義し，既存研究では触れられていない各種の控除ごとの控除効果を算出することで，過去の税制改革によって税制の所得再分配効果がどのように変化してきたのかを公平性の観点から考察する．まず，既存研究で用いられている分析手法から説明を行いたい．

望月・野村・深江（2010）の分析では，税制による所得再分配効果を（7）′式で定義している．

$$税制効果 = \frac{Y'_{Theil} - (Y' - T)_{Theil}}{Y'_{Theil}} \quad (7)'$$

ここで，Y'_{Theil} は課税前所得のタイル尺度，T は所得税額，$(Y'-T)_{Theil}$ は課税後所得のタイル尺度である．（7）′の課税前所得 Y' は収入ではなく，所得であり，課税後所得 $(Y'-T)$ は，（2）式で定義した課税後所得とは異なり，収入からではなく，所得から所得税を差し引いたものである．

次に課税による税率効果を，課税対象所得の課税前タイル尺度から課税対象所得の課税後タイル尺度の変化率とし，（8）式で定義している．

$$税率効果 = \frac{Y'(1-d')_{Theil} - Y'(1-d')(1-t)_{Theil}}{Y'(1-d')_{Theil}} \quad (8)$$

ここで，d' は所得控除率，$Y'(1-d')_{Theil}$ は課税対象所得の課税前タイル

---

2) 1989年，1994年，1999年のデータを用いて同様の分析を行ったが，税制効果の値に大小はあるものの，傾向についてはほとんど差異が見られないため，本章では2004年の結果のみを示す．

尺度，$Y'(1-d')(1-t)_{Theil}$ は課税対象所得の課税後タイル尺度である．

最後に控除効果を 2 つの効果の和として表している．第 1 の効果は，所得金額から控除額が一旦留保される効果，つまり課税前所得のタイル尺度 Y'_{Theil} から課税対象所得の課税前タイル尺度 $Y'(1-d')_{Theil}$ への変化率であり，第 2 の効果は，一旦留保された控除額が課税対象所得の課税後所得に戻される効果，つまり課税対象所得の課税後所得 $Y'(1-d')(1-t)_{Theil}$ から所得金額の課税後タイル尺度 $(Y'-T)_{Theil}$ への変化率であると定義している．これら 2 つの効果を合わせた（9）式が控除効果である．

$$控除効果 = \frac{Y'_{Theil} - Y'(1-d')_{Theil}}{Y'_{Theil}} + \frac{Y'(1-d')(1-t)_{Theil} - (Y'-T)_{Theil}}{Y'(1-d')(1-t)_{Theil}} \tag{9}$$

ただし，望月・野村・深江（2010）では，本来の控除効果を（9）と定義しているものの，税務データによる制約のため，控除効果を全体の再分配効果である（7）′式から税率効果である（8）式を差し引くことによって，（10）式で求めている．

$$控除効果 + residual = \frac{Y'_{Theil} - (Y'-T)_{Theil}}{Y'_{Theil}}$$
$$- \frac{Y'(1-d')_{Theil} - Y'(1-d')(1-t)_{Theil}}{Y'(1-d')_{Theil}} \tag{10}$$

この場合，控除効果には，税制効果から税率効果と控除効果を差し引いた差額である residual が含まれる．以上の（7）′式から（10）式が望月・野村・深江（2010）で定義される税制効果，税率効果および控除効果である．

次に，Miyazaki and Kitamura（2014）で用いられている分析手法について触れる．Miyazaki and Kitamura（2014）は，所得再分配効果を計測する指標としてジニ係数から計測される RS 指標を用いている．課税前所得から求められるジニ係数を G_X，課税対象所得から求められるジニ係数を G_{X-D}，課税後所得から算出されるジニ係数を G_{X-T} とすると，税制，税率，所得控

除の再分配効果を表す RS 指標は以下の (11) 式, (12) 式, (13) 式で定義される.

$$\pi^{RS} = G_X - G_{X-T} \tag{11}$$

$$\pi_R^{RS} = G_{X-D} - G_{X-T} \tag{12}$$

$$\pi_D^{RS} = G_X - G_{X-D} \tag{13}$$

π^{RS} は所得税全体の所得再分配効果, π_R^{RS} は所得税の税率の所得再分配効果, π_D^{RS} は所得税の所得控除の再分配効果を測る指標である.

望月・野村・深江 (2010) は国税庁『税務統計から見た申告所得税の実態』の 2003 年までの各年のデータを用いて, それぞれの年における課税前所得と課税後所得のタイル尺度を計測するのみならず, タイル尺度を稼得所得別のグループ内タイル尺度とグループ間タイル尺度に分解することで, 税制改革が稼得所得別の再分配効果に与えた影響を明らかにしている. さらに, 税制の所得再分配効果を所得階層別に, 税率による効果と控除による効果に分解し, それぞれの所得階層に対する影響の経年的な変化を議論している.

しかし, 各年のデータを用いてタイル尺度を算出していることから, 前項で述べたように税制以外の要因が税制, 税率, 控除効果に影響を与えている可能性がある. また, データの制約により, 控除効果には控除による効果と誤差の 2 つの影響が含まれているという問題がある.

Miyazaki and Kitamura (2014) では, ジニ係数をもとにした RS 指標を用いて, 所得税の所得再分配効果を全体の効果, 税率による効果, 所得控除による効果に分類している. しかし, ジニ係数は所得分配の相対的な順位に影響を受けるため, 望月・野村・深江 (2010) のようにグループごとに要因分解を行い, 分析することが容易ではない.

本章では, マイクロデータを用いて Fixed Income Approach のもとで, 望月・野村・深江 (2010) の手法を再現することで, 所得再分配効果の税制以外の要因を排除することが可能であり, 税務データの制約もないため, 本

来の控除効果である (9) 式と residual を計測する．また，Miyazaki and Kitamura (2014) の分析手法をタイル尺度で再現することによって，グループごとに税制による所得再分配効果の影響を明らかにする．

さらに，上記の 2 本の論文では課税前所得として，収入ではなく所得を用いているため，所得税制における給与所得控除や公的年金等控除の影響が捨象されている．「平成 24 年度税制改正大綱」では，給与所得控除は「『勤務費用の概算控除』と『他の所得との負担調整のための特別控除』としての 2 つの性格を有している」と述べられているものの，すでに給与所得者の割合が約 9 割となっているなかで，他の所得との負担調整を認める必要性が薄れていること，必要経費の概算としては給与所得控除の水準は高いことを指摘しており，2013 年より給与所得控除の控除額に上限が設けられる改革が行われた．

また，公的年金等控除についても，現役世代の活力を維持し，世代間および高齢者間の公平を図るという観点から，2004 年に 65 歳以上の控除額が減額されただけでなく，2014 年の税制審議会（日本税理士連合会）の答申においても，「現行の公的年金等控除は相当程度の縮減を行うこととし，今後の社会保障制度の動向を踏まえつつ，将来的には廃止を含めた抜本的な見直しを行う必要がある」とされているように，見直しの議論がなされている．

そこで本章では給与所得控除および公的年金等控除が所得控除と性質を異にするものであることを認識しながらも，過去の税制改革の影響，今後の税制改革の議論において，給与所得控除および公的年金等控除が重要な役割を果たすことを考慮に入れ，給与所得控除と公的年金等控除に関しても分析対象とする．

したがって，北村・宮崎（2013）でも使用されているように，課税前所得として，(1) 式で定義した世帯の収入を用い，課税後所得として，(2) 式で定義した収入から税負担額を差し引いたものを用いて，(7)′式〜(13) 式の税制効果，税率効果および控除効果を再定義する．また，以下では，望月・野村・深江（2010）の手法をもとにした税制に関する所得再分配効果をモデ

ル 1，Miyazaki and Kitamura (2014) の手法をもとにした税制に関する所得再分配効果をモデル 2 とする．

まず，モデル 1 の税制効果は前項で定義した (7) 式を用いる．

$$\text{モデル 1 の税制効果} = \frac{Y_{Theil} - (Y-T)_{Theil}}{Y_{Theil}} \quad (7)（再掲）$$

次に税率効果を課税対象所得の課税前所得のタイル尺度から，課税対象所得の課税後所得のタイル尺度への変化率とし，(8)′式で表す[3]．

$$\text{モデル 1 の税率効果} = \frac{Y(1-d)_{Theil} - Y(1-d)(1-t)_{Theil}}{Y(1-d)_{Theil}} \quad (8)′$$

ここで，d は給与所得控除と公的年金等控除を含んだ控除率，$Y(1-d)_{Theil}$ は課税対象所得の課税前タイル尺度，$Y(1-d)(1-t)_{Theil}$ は課税対象所得の課税後タイル尺度である．

最後に，控除効果として (9)′式を，税制効果から税率効果と控除効果を差し引いた $residual$ として (10)′式を用いる．

$$\text{モデル 1 の控除効果} = \frac{Y_{Theil} - Y(1-d)_{Theil}}{Y_{Theil}}$$

$$+ \frac{Y(1-d)(1-t)_{Theil} - (Y-T)_{Theil}}{Y(1-d)(1-t)_{Theil}} \quad (9)′$$

$$residual = \frac{Y_{Theil} - (Y-T)_{Theil}}{Y_{Theil}} - \frac{Y(1-d)_{Theil} - Y(1-d)(1-t)_{Theil}}{Y(1-d)_{Theil}}$$

---

[3] 世帯の収入と家計属性次第で，課税対象所得がゼロになる世帯が存在するが，タイル尺度はゼロを定義域に含まない．しかし，(4) 式でも示したとおり，平均所得に占める家計 i の所得の割合を $\frac{y_i}{\mu}$ とすると，タイル尺度は $\frac{y_i}{\mu} \times \ln\left(\frac{y_i}{\mu}\right)$ の平均値であり，$\frac{y_i}{\mu}$ をゼロに無限に近づけると $\frac{y_i}{\mu} \times \ln\left(\frac{y_i}{\mu}\right)$ はゼロに収束する．そこで，労働時間の議論でこの手法を用いている佐藤(2011)にならい，課税対象所得がゼロの者はゼロ，他のものを $\frac{y_i}{\mu} \times \ln\left(\frac{y_i}{\mu}\right)$ として，タイル尺度を求めた．

$$-\left(\frac{Y_{Theil}-Y(1-d)_{Theil}}{Y_{Theil}}+\frac{Y(1-d)(1-t)_{Theil}-(Y-T)_{Theil}}{Y(1-d)(1-t)_{Theil}}\right)$$

(10)′

次に，モデル2の税制効果，税率効果，控除効果についてはタイル尺度を用いて，それぞれ (11)′式，(12)′式，(13)′式で表す．

$$\text{モデル2の税制効果} = Y_{Theil} - (Y-T)_{Theil} \quad (11)′$$

$$\text{モデル2の税率効果} = Y(1-d)_{Theil} - (Y-T)_{Theil} \quad (12)′$$

$$\text{モデル2の控除効果} = Y_{Theil} - Y(1-d)_{Theil} \quad (13)′$$

モデル1は変化率であり，モデル2は変化の差であるため，双方のモデルの数値の単純な比較はできないが，複数のモデルを用いて税制改革の定性的な影響と各年の税制の効果の比較を行う．

さらにモデル1およびモデル2では，税率による効果と控除による効果に分類しているものの，給与所得控除や基礎控除といった各種の控除による効果については触れられていない．そこで，各種の控除効果を明らかにするために，新たにモデル3として税率効果と控除効果を定義する．なお，モデル3の税制効果については，モデル1の税制効果と同様に (7) 式で定義する．

まず，税率効果を世帯収入のタイル尺度から世帯収入に各年の税制の税率のみを適用した場合の課税後所得のタイル尺度への変化率を税率効果とし，(14) 式で表す．

$$\text{モデル3の税率効果} = \frac{Y_{Theil} - Y(1-t)_{Theil}}{Y_{Theil}} \quad (14)$$

次に，控除効果は (7) 式の税制効果から税率効果を差し引くことで，(15) 式で表す．

$$\text{モデル3の控除効果} = \frac{Y(1-t)_{Theil} - (Y-T)_{Theil}}{Y_{Theil}} \quad (15)$$

さらに，控除効果をそれぞれの控除ごとの効果に分解する．

本章では，分析対象として7つの控除（給与所得控除，公的年金等控除，社会保険料控除，基礎控除，配偶者控除（配偶者特別控除を含む），扶養控除，老年者控除）を用いており，それぞれの控除効果を以下の方法で求める．

まず，控除 i の控除効果を控除 i が適用される場合の税制効果と控除 i が適用されない場合の税制効果の差として定義する．

$$控除 i の控除効果 = \frac{Y_{Theil} - Y\left(1-\left(1-\sum_{j=1}^{n}d_j\right)t\right)_{Theil}}{Y_{Theil}}$$

$$- \frac{Y_{Theil} - Y\left(1-\left(1-\sum_{j=1}^{n}d_j+d_i\right)t\right)_{Theil}}{Y_{Theil}} \quad (16)$$

ここで，n は適用する控除数，$d_{j,i}$ は控除 j あるいは控除 i の控除率，$Y\left(1-\left(1-\sum_{j=1}^{n}d_j\right)t\right)_{Theil}$ は控除 i を含む n 個の控除と税率を適用した場合の課税後所得のタイル尺度，$Y\left(1-\left(1-\sum_{j=1}^{n}d_j+d_i\right)t\right)_{Theil}$ は n 個の控除から控除 i のみが適用されない場合の課税後所得のタイル尺度である．

本章では給与所得控除と公的年金等控除を含め，7つの控除を分析対象としているため，n は1～7の値をとる．$n=1$ のとき，控除効果の右辺第2項は控除が全く適用されない税制の効果，つまり税率効果となり，$n=7$ のとき，控除効果の右辺第1項はすべての控除が適用される税制の効果，つまり(7)式の税制効果となる．n が1か7以外の場合，例えば適用する控除が2つ（$n=2$）の場合，控除 i の控除効果は以下のように定義される．

$$控除 i の控除効果 = 控除 i, j と税率の効果 - 控除 j と税率の効果$$
$$= \frac{Y_{Theil} - Y(1-(1-d_i-d_j)t)_{Theil}}{Y_{Theil}} - \frac{Y_{Theil} - Y(1-(1-d_j)t)_{Theil}}{Y_{Theil}}$$

$$(17)$$

以上の各種の控除効果を用いると，全体の控除効果は以下のように示すこ

とができる．

控除1の控除効果＋控除2の控除効果＋…＋控除7の控除効果

$$= \frac{Y_{Theil} - Y(1-(1-d_1)t)_{Theil}}{Y_{Theil}} - \frac{Y_{Theil} - Y(1-t)_{Theil}}{Y_{Theil}}$$

$$+ \frac{Y_{Theil} - Y\left(1-\left(1-\sum_{i=1}^{2}d_i\right)t\right)_{Theil}}{Y_{Theil}} - \frac{Y_{Theil} - Y(1-(1-d_1)t)_{Theil}}{Y_{Theil}} \cdots$$

$$+ \frac{Y_{Theil} - Y\left(1-\left(1-\sum_{i=1}^{6}d_i\right)t\right)_{Theil}}{Y_{Theil}} - \frac{Y_{Theil} - Y\left(1-\left(1-\sum_{i=1}^{5}d_i\right)t\right)_{Theil}}{Y_{Theil}}$$

$$+ \frac{Y_{Theil} - (Y-T_{Tax})_{Theil}}{Y_{Theil}} - \frac{Y_{Theil} - Y(1-(1-d+d_7)t)_{Theil}}{Y_{Theil}}$$

$$= \frac{Y(1-t)_{Theil}}{Y_{Theil}} - \frac{Y(1-T_{Tax})_{Theil}}{Y_{Theil}} = \frac{Y(1-t)_{Theil} - (Y-T_{Tax})_{Theil}}{Y_{Theil}}$$

＝控除効果 (18)

ここで，$\dfrac{Y_{Theil} - Y\left(1-\left(1-\sum_{i=1}^{6}d_i\right)t\right)_{Theil}}{Y_{Theil}} = \dfrac{Y_{Theil} - Y(1-(1-d+d_7)t)_{Theil}}{Y_{Theil}}$

であり，d は控除1から控除7までの控除率を合わせた控除率である．本章では控除1〜7をそれぞれ，給与所得控除，公的年金等控除，社会保険料控除，基礎控除，配偶者控除（配偶者特別控除を含む），扶養控除，老年者控除として各種の控除効果を求めた．

ただし，モデル3はモデル1，モデル2と比較すると，性質が異なる点には注意が必要である．第1に，本来，所得税の税率は課税対象所得に対して，累進的に課されるものである．本章では累進税率を世帯収入に適用することで，税率効果を求めている．したがって，モデル3では，一種の仮想的な税制を適用した場合の効果を税率効果と定義している．これは，所得税の所得再分配機能の根幹をなす累進税率が，控除の影響がない場合，どれほど所得格差を縮小するのかを示すものである．

第2に，各種の控除効果については純粋な控除のみの影響を抽出している

わけではない．(17) 式からも明らかであるが，控除効果は各年の税制の税率にも依存している．つまり，モデル3の控除効果は，控除額に変化がない場合でも，税率が変化すれば影響を受ける．

これは，控除が税率をとおして，税負担額および課税後所得を変化させることで，課税後所得の格差が課税前の世帯収入の格差からどのように変化するかを示すものである．したがって，控除効果は，厳密には，控除が存在することによる課税後所得の変化が所得再分配に与える効果であるが，便宜的にモデル3の控除効果と呼称する．なお，税率効果の算出の際には一切の控除を考慮に入れていないことから，控除効果には①控除額に限界税率を乗じた分の金額が減税される効果，②課税対象所得の減額を通じた税率のブラケットの変更による減税効果が含まれる．

5. 分析結果

本節では，タイル尺度を用いて測定される各年の税制効果，税率効果および控除効果を示す．まず，各年の税制効果を税率効果と控除効果に分けた結果を示した後，所得階級別，年齢階級別，主とする収入別に要因分解を行った結果を明らかにする．

所得階級は各階級間の世帯数が等しくなるように，世帯の課税後所得が低い世帯から，低所得階級，中所得階級（下），中所得階級（上），高所得階級の4階級に分類している．年齢階級については，世帯内でもっとも課税後所得の高い世帯員の年齢を基準に，40歳未満の世帯を若年世帯，40歳以上60歳未満の世帯を中年世帯，60歳以上の世帯を高齢世帯として分類している．

最後に，主とする収入別のグループについては，給与収入のみを得ている世帯，年金収入のみを得ている世帯，給与収入と年金収入の双方を得ている世帯の3つのグループに分類する．各グループの世帯数および課税後所得の平均額を表2-4にまとめている．

表 2-4 各グループの世帯数および課税後所得

		給与収入			年金収入			給与＋年金			所得階級合計
		若年	中年	高齢	若年	中年	高齢	若年	中年	高齢	
世帯数	低所得階級	902	1,152	432	7	91	5,577	152	282	819	9,414
	中所得階級(下)	3,023	2,536	350	0	8	1,958	280	353	907	9,415
	中所得階級(上)	2,805	4,600	226	0	3	302	338	562	578	9,414
	高所得階級	1,691	5,982	284	0	0	26	220	910	302	9,415
	年齢階級合計	8,421	14,270	1,292	7	102	7,863	990	2,107	2,606	37,658

		給与収入			年金収入			給与＋年金			所得階級平均
		若年	中年	高齢	若年	中年	高齢	若年	中年	高齢	
課税後所得(万円)	低所得階級	126.5	118.3	97.9	60.0	77.1	117.0	121.9	125.9	123.6	117.7
	中所得階級(下)	236.0	238.0	228.5	0.0	214.6	211.2	235.9	232.6	224.8	229.9
	中所得階級(上)	336.2	343.5	336.5	0.0	334.7	312.5	355.1	341.8	332.4	339.8
	高所得階級	513.0	556.9	573.9	0.0	0.0	473.4	473.9	539.9	535.6	545.0
	年齢階級平均	313.3	396.0	279.7	60.0	95.4	149.2	312.0	380.2	252.9	308.1

5.1 各年税制の税率効果と控除効果

表2-5は各年の税制効果を税率による効果と各種控除による効果に分類した結果を示したものである．表2-5の給与所得控除以下の各種の控除効果の和がモデル3の各年の控除効果となる[4]．

まず，モデル1の結果を見てみると，どの年の税制を用いても，税率効果は正の値である．日本の所得税制では，超過累進税率を適用しているため，

[4) ただし，小数点第4位以下を四捨五入して表記しているため，完全に一致していない場合がある．

この結果は直感的にも理解できる．また，税率効果の経年的な変化を見ると，1995 年から大幅に税率がフラット化された影響で，1999 年と 2004 年税制の税率効果が低下している．一方で，2015 年税制のもとでは，三位一体改革のもと，2007 年に所得税の税率が再度細分化された影響もあり，税率効果が大きく上昇している．

次に控除効果に注目すると，モデル 1 の控除効果は，一貫して所得格差を拡大させる効果を持つことが分かる．また，値の経年的な変化を見ると，税制改革により，控除額が増加すると控除効果は低下し，控除額が減少すると控除効果が増加する傾向にある．

(9)′式にも示したとおり，モデル 1 の控除効果は，(9)′式の右辺第 1 項である世帯収入から控除額が一度留保される効果 $\left(\frac{Y_{Theil}-Y(1-d)_{Theil}}{Y_{Theil}}\right)$ と第 2 項の留保された控除額が課税対象所得の課税後所得に戻される効果 $\left(\frac{Y(1-d)(1-t)_{Theil}-(Y-T)_{Theil}}{Y(1-d)(1-t)_{Theil}}\right)$ の 2 つに分割される．とりわけ，大き

表 2-5　各年税制の税率効果と控除効果

		1988 年	1994 年	1999 年	2004 年	2015 年
モデル 1	税制効果	0.079	0.086	0.077	0.075	0.064
	税率効果	0.021	0.025	0.018	0.018	0.032
	控除効果	−2.138	−2.269	−2.552	−2.186	−1.680
	residual	2.196	2.330	2.612	2.243	1.712
モデル 2	税制効果	0.013	0.014	0.013	0.013	0.011
	税率効果	0.497	0.522	0.570	0.505	0.411
	控除効果	−0.484	−0.508	−0.558	−0.493	−0.400
モデル 3	税制効果	0.079	0.086	0.077	0.075	0.064
	税率効果	0.093	0.105	0.075	0.073	0.107
	控除効果	−0.014	−0.019	0.002	0.002	−0.043
	給与所得控除	−0.048	−0.049	−0.035	−0.035	−0.043
	公的年金等控除	0.048	0.049	0.049	0.049	0.023
	社会保険料控除	−0.016	−0.018	−0.013	−0.013	−0.016
	基礎控除	−0.001	−0.002	0.000	−0.001	−0.004
	配偶者控除	0.002	0.002	0.002	0.001	−0.001
	扶養控除	0.001	−0.001	0.000	0.001	−0.003
	老年者控除	0.000	0.000	0.000	0.000	0.000

な影響を持つのが第1項の効果である．世帯収入から各種の控除が適用されることで，課税対象所得が計算されるが，所得控除による所得から課税対象所得への変化率（減少率）は低所得者ほど大きい．例えば，所得が76万円の者と380万円の者に対して，基礎控除のみを適用する場合，前者は課税対象所得が38万円，後者は課税対象所得が342万円となる．この時，両者の控除適用前後の所得の変化率は，前者は50%の減少，後者は10%の減少である．つまり，控除が適用されることにより，課税対象所得ベースでは，低所得者の所得が相対的に大きく減少することで，課税対象所得のタイル尺度が世帯収入のタイル尺度よりもきわめて大きくなる[5]．したがって，控除額が増加するほど，課税対象所得のタイル尺度 $Y(1-d)_{Theil}$ の値が増加し，(9)′式の右辺第1項 $\left(\dfrac{Y_{Theil}-Y(1-d)_{Theil}}{Y_{Theil}}\right)$ の負の効果が大きくなることで，控除効果が減少する．

　表2-5では，1994年から1999年にかけて控除効果が大きく増加し，2004年から2015年にかけて，控除効果が大きく減少している．1994年と1999年の間には，給与収入が165万円超のものに対する給与所得控除の増額，年少扶養親族に対する新たな控除の設置，特定扶養親族の控除額の増額といった改革が控除効果の増加に寄与し，2004年から2015年にかけては，扶養控除の大幅な縮減と65歳以上のものに対する公的年金等控除の減額が控除効果の減少につながったと考えられる．ただし，モデル1では，誤差の影響が大きいが，誤差はさまざまな影響が混在しているため，この影響を明らかにすることは難しい．

　次にモデル2の結果であるが，控除効果については，モデル1の結果と同様の傾向にある．つまり，控除額の増加にともない，控除効果が減少し，控除額が減少すると控除効果が増加する．モデル2の控除効果は，モデル1の控除効果において重要な役割を果たしている(9)′式の右辺第1項

---

[5] 具体的には，世帯収入のタイル尺度が0.167であるのに対し，課税対象所得のタイル尺度は0.568〜0.725の値をとる．

$\left(\dfrac{Y_{Theil} - Y(1-d)_{Theil}}{Y_{Theil}}\right)$ の分子と同じであるため，同様の結果が得られた．

ただし，モデル1の結果と比較すると，税率効果の影響が大きく異なる．とくに，表2-1の税率の変化から分かるとおり，1994年から1999年にかけては税率がフラット化されたにもかかわらず，モデル2の税率効果は増加し，2004年から2015年の間に税率のブラケットは細分化されたにもかかわらず，モデル2の税率効果が減少している．これは，モデル1の結果とは対照的である．このような結果が得られた原因として，以下の2つの影響が考えられる．

第1に，モデル2の税率効果である (12)′式の右辺第1項が課税対象所得のタイル尺度 $Y(1-d)_{Theil}$ であり，控除額が増加すれば，課税対象所得のタイル尺度が増加するためである．モデル1の控除効果でも説明したとおり，1999年は分析対象の税制のなかで，もっとも適用される控除額が多いため，課税対象所得のタイル尺度が大きく，2015年は65歳以上の者に対する公的年金等控除の減額が大きく影響し，課税対象所得のタイル尺度が小さくなったと考えられる．

第2に，課税対象所得の格差によって，課税後所得のタイル尺度 $(Y-T)_{Theil}$ が影響を受ける点である．課税対象所得のタイル尺度が小さいということは，課税対象所得の格差が小さく，多くの者に同じ税率が課される可能性が高くなる．相対的に低所得の者に対して，高所得者と同じ税率が課された場合，税制の所得再分配効果は弱まり，(12)′式の右辺第2項の課税後所得のタイル尺度 $(Y-T)_{Theil}$ が大きくなる．以上の2つの効果は税率効果に対して相反する影響を持つものの，1999年のフラットな税率のもとでは，前者の影響が後者の影響を上回ったことで，税率効果が強くなり，2015年のブラケットが細分化された税率のもとでは，後者の課税後所得の格差が大きくなる効果が上回ったため，モデル2の税率効果が弱まるという結果となった．

ただし，適用される控除額が等しければ，フラットな税率よりもブラケッ

トの細かい税率の方が強い所得再分配効果を持つこととなる．つまり，モデル2の税率効果は税率のみならず，所得税の課税ベースである課税対象所得にも依存していることに注意したい．

最後にモデル3の結果について触れる．モデル3の税率効果は，モデル2と異なり，控除の影響を完全に取り除いているため，税率のブラケットの変化が税率効果の変化として現れる．したがって，税率がフラット化された1999年，2004年のもとでは，税率効果が低下し，ブラケットが細分化された2015年税のもとでは，税率効果が増加している．

モデル3の税率効果の算出時のように，控除が存在しない場合，税率間のブラケットの間隔が狭ければ，高所得者がより高い税率のブラケットに直面する可能性が高まり，税負担額の差も大きくなるため，税率効果は大きくなる．反対に，ブラケットの間隔が広ければ，低所得者と高所得者の税負担の差がそれほど大きくならないために，税率効果は小さくなる．

モデル3の控除効果に関しては，1988年，1994年，2015年において負の符号，1999年，2004年において正の符号をとっている．控除を適用した場合，課税対象所得が控除額だけ減少することになるが，課税対象所得の減少は2つの影響をおよぼす．ひとつは，課税対象所得が減少しても，税率のブラケットが変化せず，税負担額が控除額に限界税率を乗じた分だけ減少する場合である．いまひとつは課税対象所得の減少によって税率のブラケットが変化し，税負担額が減少する場合である．

税率のブラケットの間隔が狭ければ，同じ控除額であっても控除によって限界税率が低下する可能性が高くなる．限界税率が低下した場合の税負担軽減効果は，限界税率が高い高所得者ほど大きいため，控除による課税後所得の格差の縮小効果が小さくなる．一方で，1999年，2004年税制のように税率のブラケットの間隔が広ければ，高所得者でも限界税率の変化が少ないだけでなく，限界税率の低下は比較的低所得者に対して発生するため，控除による所得再分配効果が見られる．このことから，税率がある程度フラットである税制のもとでは，控除は課税後所得の格差を縮小させ，税率のブラケッ

トが細分化されていれば，控除は課税後所得の格差を拡大させる方向に働くことが分かる．

つまり，モデル3のもとでは，基礎控除のような控除額が一定である控除が増加する，あるいは税率のブラケットが細分化されるほど控除効果が低下する．ただし，公的年金等控除のように相対的に低所得者の税負担を軽減するような控除が増額された場合，控除効果は上昇する．

このことを踏まえて，モデル3の控除効果の変化を見ると，1988年から1994年までは，高齢者の多い年金収入世帯の税負担を軽減する公的年金等控除の定額控除および最低控除額の増額は行われているものの，特定扶養控除や配偶者特別控除の増額が同時に行われており，結果として，控除効果が減少している．1994年から1999年にかけては，給与所得控除や人的控除が増額された一方で，税率のフラット化が行われた．その結果，後者の控除効果に対する影響が大きく，控除効果が所得再分配効果を持ったと考えられる．2004年から2015年にかけて，65歳以上の者に対する公的年金等控除の減額によって，相対的に低所得世帯が多い高齢者世帯の税負担額が大きくなったこと，税率のブラケットが細分化されたため，高所得者の控除による税負担軽減効果が大きくなったことが影響し，控除効果が大きく低下したと考えられる．

次に，控除効果の増減について，各種の控除効果の結果と照らしあわせることで，税制改革の影響を明らかにする．

控除効果を分類した結果を見ると，すべての年の税制において，給与所得控除および公的年金等控除が大きな影響を持つことが分かる．この2つの控除の符号に注目すると，給与所得控除は負の値，公的年金等控除は正の値をとることから，給与所得控除は税制による所得再分配効果を弱め，公的年金等控除は所得再分配効果を強めるように働いている．

表2-4から，中所得階級（上）と高所得階級の世帯は給与収入に集中している一方で，年金収入を得ている世帯はその多くが低所得階級，中所得階級（下）に属していることが分かる．つまり，給与所得控除は，相対的に所得

が高い世帯の税負担を軽減し，公的年金等控除は，相対的に所得が低い世帯の税負担を軽減することになるため，以上の結果が得られたと考えられる．

それぞれの経年的な影響は以下のとおりである．まず，給与所得控除は 1994 年から 1999 年にかけて増額された．給与所得控除は，上限が設けられているものの，給与収入が高いほど多くの控除が適用されるため，控除は課税後所得の格差を拡大させる．したがって，給与所得控除の増額は控除効果を低下させるはずであるが，実際には，1994 年よりも 1999 年の方が，給与所得控除の控除効果が大きい．

これは，1995 年の税率のフラット化によるところが大きい．つまり，利用できる控除額は増えたものの，控除額に乗じられる税率が低下したため，限界税率の高い高所得者に対する税負担軽減効果が弱まった．その結果，1999 年に給与所得控除の控除効果が 1994 年よりも大きくなったと考えられる．同様に，2015 年税制のもとで，給与所得控除の控除効果が低下しているのは，税率のブラケットの変化によって，給与所得控除の税負担軽減効果が高所得者に対して相対的に大きいためである．

公的年金等控除については，2015 年税制のもとで大きく低下している．これは，2006 年の税制改革によって，公的年金等控除の 65 歳以上の者に対する定額控除および最低控除額が減額された結果，2004 年税制のもとで，非課税世帯であった収入の少ない世帯に税負担が発生するなど，低所得世帯の多い高齢世帯の税負担が増加したためである．公的年金等控除の効果が低下したことによって，2015 年税制の控除効果が他年の税制と比較して大幅に低下していることが確認される．

モデル 3 の各種の所得控除に関しては，どの税制においても社会保険料控除を除いて，再分配効果がきわめて小さい．2003 年の税制改革により，配偶者控除の適用対象者に対する配偶者特別控除の上乗せ部分が廃止，2010 年の税制改革によって，年少扶養控除及び年齢 16 歳〜18 歳の者に対する特定扶養控除の上乗せ部分が廃止されるなど所得控除の改革もいくつか行われているが，全世帯で見た場合，それらの税制改革の所得再分配効果への影響

は限定的であることがうかがえる．

5.2 所得階級ごとの結果

表2-6は各年の税制を所得階級ごとに，税率効果と各種の控除効果に分解した結果である．低所得，中所得（下），中所得（上），高所得階級の階級内の税制効果と所得階級間の税制効果を示している．所得税制の税率は超過累進税率であるため，高所得階級になるほど税制による所得再分配効果が大きく，所得階級間でも所得再分配効果が確認できる．しかし，所得税は所得再分配効果を持つものの，その影響は税制によって異なる．以下では，モデルごとにそれぞれ税率効果と控除効果の観点から，税制改革による所得再分配効果の変化を明らかにする．

まず，モデル1の各所得階級ごとの影響を確認したい．

低所得階級では，すべての年の税制において，階級内の税制効果がきわめて小さい．さらに，税制効果の値自体もほとんど変化していない．これは，モデル1，モデル2，モデル3で共通している．所得税の非課税世帯が存在することに加えて，所得税を負担していたとしても，多くの者がもっとも低い限界税率のもとで税を負担しているためである．したがって，低所得世帯の税制効果は，1988年から2015年の間に行われた控除の増額や税率のブラケットの変更といった税制改革の影響をほとんど受けていない．

モデル1では，税負担が少ない低所得階級と中所得階級（下）の税率効果はほぼゼロである一方で，中所得階級（上），高所得階級および所得階級間では正の値をとる．また，低所得階級では，1995年の税率のフラット化と2007年の税率のブラケットの細分化といった税率の変更の影響をほとんど受けていない．低所得階級は，課税対象所得がゼロとなる世帯が多く，課税後所得のタイル尺度 $Y(1-d)_{Theil}$ と課税後所得の課税後タイル尺度 $Y(1-d)(1-t)_{Theil}$ にほとんど差が生じないためである．

一方で，その他の所得階級および所得階級間の税率効果は，中所得階級（下）への影響は限定的ではあるものの，税制改革の影響が反映されている．

表 2-6　所得階級ごとの税制

		低所得階級				
		88 年	94 年	99 年	04 年	15 年
モデル 1	税制効果	0.005	0.004	0.003	0.005	0.005
	税率効果	0.000	0.000	0.000	0.000	0.000
	控除効果	−35.144	−38.426	−44.574	−34.458	−28.377
	residual	35.148	38.430	44.577	34.463	28.382
モデル 2	税制効果	0.000	0.000	0.000	0.000	0.000
	税率効果	2.502	2.730	3.156	2.455	2.033
	控除効果	−2.502	−2.729	−3.155	−2.454	−2.033
モデル 3	税制効果	0.005	0.004	0.003	0.005	0.005
	税率効果	0.004	0.006	0.004	0.004	0.011
	控除効果	0.001	−0.002	−0.002	0.001	−0.005
	給与所得控除	0.004	0.003	0.004	0.004	−0.004
	公的年金等控除	0.019	0.017	0.017	0.017	0.011
	社会保険料控除	−0.006	−0.005	−0.005	−0.005	−0.004
	基礎控除	−0.002	−0.001	−0.002	−0.002	−0.003
	配偶者控除	−0.005	−0.007	−0.007	−0.003	−0.002
	扶養控除	−0.008	−0.008	−0.008	−0.009	−0.002
	老年者控除	0.000	0.000	0.000	0.000	0.000
		中所得階級(上)				
		88 年	94 年	99 年	04 年	15 年
モデル 1	税制効果	0.107	0.118	0.107	0.106	0.088
	税率効果	0.004	0.007	0.001	0.004	0.048
	控除効果	−14.266	−15.806	−18.054	−16.216	−10.921
	residual	14.368	15.917	18.160	16.318	10.962
モデル 2	税制効果	0.001	0.001	0.001	0.001	0.001
	税率効果	0.088	0.097	0.110	0.099	0.069
	控除効果	−0.087	−0.096	−0.109	−0.099	−0.068
モデル 3	税制効果	0.107	0.118	0.107	0.106	0.088
	税率効果	0.122	0.128	0.089	0.089	0.105
	控除効果	−0.015	−0.010	0.018	0.017	−0.017
	給与所得控除	−0.055	−0.053	−0.024	−0.024	−0.018
	公的年金等控除	0.041	0.040	0.041	0.042	0.024
	社会保険料控除	−0.010	−0.010	−0.007	−0.008	−0.009
	基礎控除	0.002	0.003	0.002	0.001	−0.003
	配偶者控除	0.001	0.009	0.002	0.002	−0.001
	扶養控除	−0.001	−0.004	−0.002	−0.003	−0.009
	老年者控除	0.007	0.005	0.005	0.007	0.000

効果

	中所得階級(下)			
88年	94年	99年	04年	15年
0.102	0.100	0.090	0.099	0.067
0.000	0.000	0.000	0.000	0.003
−45.154	−49.504	−59.886	−48.739	−35.521
45.256	49.604	59.976	48.838	35.584
0.001	0.001	0.001	0.001	0.001
0.468	0.513	0.618	0.505	0.370
−0.467	−0.512	−0.617	−0.504	−0.370
0.102	0.100	0.090	0.099	0.067
0.100	0.114	0.103	0.100	0.165
0.001	−0.013	−0.013	−0.001	−0.098
−0.147	−0.138	−0.144	−0.146	−0.126
0.173	0.172	0.174	0.178	0.073
−0.021	−0.026	−0.023	0.021	−0.028
0.010	0.002	0.007	0.006	−0.003
−0.003	−0.012	−0.009	−0.004	−0.009
−0.007	−0.009	−0.017	−0.010	−0.005
−0.004	−0.003	−0.002	−0.004	0.000
	高所得階級			
88年	94年	99年	04年	15年
0.155	0.175	0.151	0.138	0.142
0.118	0.128	0.093	0.092	0.139
−1.221	−1.325	−1.536	−1.353	−1.123
1.259	1.372	1.593	1.399	1.126
0.005	0.006	0.005	0.004	0.005
0.065	0.070	0.077	0.070	0.061
−0.060	−0.064	−0.072	−0.065	−0.056
0.155	0.175	0.151	0.138	0.142
0.151	0.159	0.114	0.112	0.143
0.004	0.016	0.037	0.025	−0.001
−0.017	−0.015	−0.005	−0.005	−0.012
0.006	0.006	0.006	0.006	0.004
−0.014	−0.013	−0.009	−0.009	−0.012
0.001	0.000	0.002	0.002	0.000
0.013	0.019	0.019	0.010	0.009
0.016	0.018	0.022	0.021	0.010
0.000	0.000	0.000	0.000	0.000

つまり，表 2-5 の税率効果と同様に，1995 年の税率のフラット化は税率効果を減少させ，2007 年の税率の細分化は税率効果の増加に寄与したと考えられる．

控除効果については，全階級を通じて，表 2-5 と同様の影響が確認される．すなわち控除額が増加するにつれて控除効果が減少し，控除額が減少するにつれて控除効果が増加する．とくに，1994 年から 1999 年，2004 年から 2015 年の間に大きな変化が見られる．1994 年から 1999 年にかけて行われた，給与所得控除の増額，年少扶養親族や特定扶養親族に対する控除額の増額，2004 年から 2015 年にかけて行われた 65 歳以上に対する公的年金等控除の減額が大きく影響したと考えられる．

以上のように，税率効果と控除効果の変化は税制改革と整合的であるものの，モデル 1 では，*residual* に大きく依存しているため，税率と控除の税制の所得再分配効果に対する寄与度

表 2-6（続） 所得階級ごとの税制効果

		所得階級間				
		88年	94年	99年	04年	15年
モデル1	税制効果	0.075	0.080	0.072	0.071	0.059
	税率効果	0.015	0.018	0.012	0.013	0.026
	控除効果	−1.871	−1.987	−2.258	−1.862	−1.346
	residual	1.930	2.050	2.318	1.920	1.378
モデル2	税制効果	0.011	0.011	0.010	0.010	0.008
	税率効果	0.384	0.403	0.443	0.382	0.298
	控除効果	−0.373	−0.391	−0.432	−0.372	−0.290
モデル3	税制効果	0.075	0.080	0.072	0.071	0.059
	税率効果	0.091	0.104	0.074	0.072	0.108
	控除効果	−0.017	−0.023	−0.001	−0.001	−0.050
	給与所得控除	−0.053	−0.054	−0.040	−0.040	−0.048
	公的年金等控除	0.053	0.054	0.054	0.055	0.026
	社会保険料控除	−0.017	−0.019	−0.014	−0.014	−0.017
	基礎控除	−0.001	−0.002	−0.001	−0.001	−0.005
	配偶者控除	0.001	0.000	0.001	0.001	−0.002
	扶養控除	0.000	−0.003	−0.002	−0.001	−0.005
	老年者控除	0.000	0.000	0.000	0.000	0.000

を正確に把握することは難しい．

次に，モデル2の税率効果と控除効果に注目し，それぞれの変化がどのように税制効果に影響したかを明示する．

モデル2ではモデル1と異なり，低所得階級や中所得階級（下）の税率効果が高く，中所得階級（上）や高所得階級では税率効果が低い．これは，低所得世帯ほど，課税対象所得ベースでの格差が大きく，モデル2の税率効果の右辺第1項である課税前タイル尺度が大きいことが原因である．

しかし，税制改革による税率効果の変化の傾向は各所得階級で変わらない．具体的には，1999年税制までは税率効果が増加し，それ以降は税率効果が低下する．これは，税制の全体への影響を表した表2-5の議論と同じである．つまり，1999年税制のもとでは，多額の控除によって課税対象所得に格差が生じたことによって，フラットな税率のもとでも，課税後所得の格差が減少し，2015年税制のもとでは，控除が減少したことで，課税対象所

得の格差が縮小したため，税率のブラケットが細かくなっても課税後所得の格差が大きく，税率効果が減少したのである．

　また，控除効果も税率効果と同様に各所得階級内，所得階級間で税制による変化の傾向が表 2-5 の全体の傾向と同様である．つまり，1994 年税制や 1999 年税制のように控除額が増額された場合は，控除効果が低下し，2004 年や 2015 年のように控除額が減額する場合は控除効果が増加する．

　低所得階級から中所得階級（上）までは，上記の税率効果と控除効果の変化が相殺するように影響しているため，税制効果にはほとんど変化がない．一方で，高所得階級では，唯一 2015 年税制のもとで税制効果が増加している．税率効果は 2004 年税制より低下しているものの，控除効果の増加が税率効果の低下を上回ったためである．

　最後に，モデル 3 を用いて，控除の税負担軽減効果の観点から，税率効果と控除効果の影響をみていきたい．

　モデル 3 のもとでは，表 2-5 の結果と同様に，税率効果はどの階級でも税制効果の中心的な役割を果たしている．モデル 1 と異なり，低所得階級でも税率効果が確認されることから，控除がない場合，所得税の税率は所得再分配効果を持つことが示された．とくに，2007 年の税制改革によって，低所得者に対する所得税率のブラケットが変更され，低所得階級内でも世帯によって限界税率に差がついたことで，2015 年税制のもとで税率効果が上昇した．

　また，低所得階級以外でも，税率効果は所得再分配効果を持ち，すべての所得階級，所得階級間において，1999 年税制のフラットな税率のもとで税率効果が低下し，2015 年税制の細分化された税率のもとで税率効果が増加する．したがって，税率のみの場合，所得階級，所得階級間にかかわらず，税率は累進度が高いほど所得再分配効果が高い．それに対して，控除効果の推移は所得階級によって異なる．中所得階級（下）以上の所得階級では，所得が高くなるほど控除効果が大きくなる．また控除効果のなかでも，各種の所得控除の効果が大きい．この影響の違いは，各階級の年金収入世帯の数に

依存していると考えられる．給与収入世帯に高所得者が多く，年金収入世帯に低所得者が多いのは，どの所得階級内でも同様である．

年金収入世帯については，公的年金等控除の控除額が多く，その他の控除も含めた場合，課税対象所得がゼロになる者が多い．しかしながら，日本の税制では，たとえ控除の総額が収入を上回り，課税対象所得がゼロ以下になる場合でも，実際の課税対象所得はゼロであり，収入を上回る額の控除の恩恵を受けることができない．したがって，年金収入世帯の多い低所得階級や中所得階級（下）では控除が負の所得再分配効果を持つことになる．

モデル3の税率効果の変動については，限界税率と税率のブラケットの変化からある程度判断できるものの，控除効果については，さまざまな控除が含まれているため，どの控除が影響しているのかが分からなければ，控除効果の変動の要因を判断することはできない．そこで，控除効果を各種の控除の効果に分類し，それらの影響を見ることで，所得階級ごとの控除効果の変動要因を明らかにする．

まず，表2-5の結果と同様に，モデル3の控除効果は給与所得控除と公的年金等控除の影響が大きく，それぞれが相殺するように影響している．とくに，所得階級内に占める年金収入世帯数と給与収入世帯数の差が少ない中所得階級（下）において，給与所得控除と公的年金等控除の影響がもっとも大きい．

それに対して，高所得階級では，給与所得控除および公的年金等控除の影響が他の所得階級よりも小さく，配偶者控除や扶養控除といった人的控除の影響が大きいことが分かる．高所得階級では，世帯主と配偶者が共働きすることで課税後所得が多い世帯が存在すること，他の階級と異なり，扶養控除の対象者が多い若年世代の課税後所得がもっとも少ないことが原因のひとつであると考えられる．

次に，各種の控除効果の変化に焦点を当てる．まず，給与所得控除の影響から見ると，1999年税制のもとで，中所得階級（下）に対する効果の変化と中所得階級（上），高所得階級および所得階級間に対する効果の変化が異

なる．給与所得控除は1995年に増額されたため，1999年税制の給与所得控除額は1994年税制より増加している．また，給与所得控除のように高所得者ほど控除額が増加する控除は高所得者ほど税負担軽減効果が高い．したがって，給与所得控除の増額は給与所得控除の控除効果を減少させる．

しかし，1995年には，税率のブラケットの変更が同時に行われている．この改革によって，より高い税率の区分に直面している高所得者ほど，給与所得控除による税負担軽減効果が減少したため，中所得階級（上）や高所得階級では，給与所得控除の控除効果が上昇するという結果となった．

中所得階級（下）でも，上記のような中所得階級（上）や高所得階級に対する効果があったと考えられる．しかし，中所得階級（下）では，相対的に課税後所得が低い高齢者が多いため，給与所得控除が階級内の高所得者である給与所得者の税負担額を軽減する効果が大きく，1999年税制のもとで給与所得控除の効果が低下した．

さらに，給与所得控除額はほぼ変化していないものの2004年から2015年にかけて，給与所得控除の効果に大きな変化が生じている．これは，2007年に行われた税率のブラケットの細分化のためである．これまでの議論から，税制改革による控除額の変更がなければ，税率のブラケットの細分化は，高所得者の税負担を大きく軽減するため，給与所得控除の控除効果は低下する．低所得階級，高所得階級，所得階級間で給与所得控除の控除効果が低下しているのは，そのためである．

しかし，中所得階級（下，上）では，給与所得控除の控除効果が増加している．その理由として，低い所得帯の税率のブラケットが細かく変更されたことが考えられる．それまで，課税対象所得が330万円以下のものに対して10%であった税率が195万円以下までは5%，195万円超330万円以下は10%の税率に変更された．そこに給与所得控除が控除され課税対象所得が減少することで，適用される税率が低くなり税負担が軽減される低所得世帯が増加したことで，給与所得控除の控除効果が増加した．

次に，公的年金等控除は2004年税制までは，すべての階級および階級間

で大きな変化はないものの，2015年税制のもとでは，控除効果が大きく低下している．これは，2005年に行われた公的年金等控除の減額によって生じたと考えられる．どの所得階級においても，年金収入を得ている高齢者は低所得世帯が多く，高齢者の税負担を増加させる公的年金等控除の減額によって，課税後所得の格差が増加したためである．

給与所得控除や公的年金等控除と比較すると，モデル3の所得控除の控除効果は小さく，とくに所得階級間では，結果的に税制改革による効果がほとんどないことを示している．しかし，各所得階級内の効果については，とくに控除額が大きく変更された配偶者控除や扶養控除で変化が見られる．ただし，配偶者控除や扶養控除は世帯員の所得のみならず，世帯構成に依存するため，一概に所得階級内での影響を議論することは困難である．

5.3 年齢階級ごとの結果

次に，分析対象世帯を年齢階級ごとに分類することで，税制改革が世代内，世代間の所得再分配効果にどのような影響を与えたのかを考察する．表2-7は税制効果を年齢階級ごとに示したものである．

まず，各年齢階級の税制効果について以下の点が明らかになった．全階級内，階級間で共通していることは，表2-5の全体への税制効果と同様に，税制効果が1994年税制のもとで最大であり，その後は低下傾向にあるということである．また，高所得者がもっとも多い中年世代内の税制効果が高いものの，各年齢階級で所得再分配効果が確認されるため，比較的どの世代の税制効果も，全体の税制効果に貢献していると言える．このような結果を得られた要因を，各モデルの税制効果と税率効果を用いて，明らかにする．

年齢階級ごとの税制効果を税率効果と控除効果に分類してみると，以下の点が明らかとなった．

モデル1の税率効果と控除効果は，年齢階級内でも，これまでの全体の結果や所得階級ごとの分析とほぼ変わらず，同様の結果を示している．つまり，税率効果については，1999年，2004年税制のようなフラットな税率の

もとでは低下し，1988年，1994年，2015年税制のように税率のブラケットが細分化されていれば上昇する．控除効果については，控除額が増額された1999年までは低下し，2004年，2015年税制のもとで，控除額が減額されたことによって増加した．

ただし，年齢階級間の控除効果のみ，1999年に控除効果が増加している．1994年税制から1999年税制までは給与所得控除や人的控除の拡充が行われている．しかし，高齢世代は低所得世帯が多く，1994年までの税制の控除額で，課税対象所得がゼロとなる世帯が多かったため，1999年税制の下での控除額の増額は，相対的に若年世代や中年世代の課税対象所得を大きく減少させた．したがって，年齢階級間の課税対象所得の格差が縮小したことが，控除効果の増加につながった．

次にモデル2の税率効果と控除効果の変化に焦点を当てる．モデル2でも，年齢階級内の効果は全体の効果や所得階級内の効果と同様の変化が見られる．

しかし，モデル2でも，年齢階級間の税率効果と控除効果の1999年税制での変化は，年齢階級内の変化と異なっている．具体的には，1999年税制のもとで，年齢階級内の税率効果は増加し，控除効果は減少している．これは，モデル1の年齢階級間の控除効果が増加したことと原因は同じである．つまり，1994年税制から1999年税制へ変化したことによる控除額の増額は，若年世代や中年世代の課税対象所得を大きく減少させた．つまり，若年世代や中年世代の課税対象所得の格差を縮小させたため，1994年税制と比較して控除効果が増加した．

また，課税対象所得の格差の縮小は，上述したようにモデル2の(12)′の右辺第2項である課税後所得のタイル尺度を増加させるため，税率効果が低下した．

モデル2の年齢階級内では，税制改革による税率効果と控除効果の変化は所得階級内と同様であるが，年齢階級間では，年齢階級内とは異なる結果が得られることを示した．

表 2-7 年齢階級ごとの税制

		若年世代				
		88年	94年	99年	04年	15年
モデル1	税制効果	0.072	0.079	0.076	0.068	0.050
	税率効果	0.017	0.021	0.013	0.015	0.040
	控除効果	−2.033	−2.199	−2.903	−1.952	−1.010
	residual	2.087	2.257	2.966	2.005	1.021
モデル2	税制効果	0.007	0.007	0.007	0.006	0.005
	税率効果	0.260	0.277	0.345	0.252	0.154
	控除効果	−0.254	−0.270	−0.338	−0.246	−0.149
モデル3	税制効果	0.072	0.079	0.076	0.068	0.050
	税率効果	0.069	0.077	0.057	0.056	0.079
	控除効果	0.003	0.003	0.019	0.011	−0.029
	給与所得控除	−0.019	−0.019	−0.010	−0.011	−0.022
	公的年金等控除	0.003	0.003	0.003	0.003	0.001
	社会保険料控除	−0.011	−0.012	−0.010	−0.009	−0.012
	基礎控除	0.003	0.002	0.004	0.004	−0.002
	配偶者控除	0.011	0.014	0.015	0.008	0.004
	扶養控除	0.015	0.014	0.017	0.017	0.001
	老年者控除	0.000	0.000	0.000	0.000	0.000

		高齢世代				
		88年	94年	99年	04年	15年
モデル1	税制効果	0.067	0.070	0.062	0.064	0.055
	税率効果	0.014	0.016	0.011	0.011	0.020
	控除効果	−9.340	−9.778	−9.961	−9.283	−7.398
	residual	9.393	9.833	10.012	9.336	7.434
モデル2	税制効果	0.012	0.013	0.011	0.012	0.010
	税率効果	1.880	1.961	1.993	1.869	1.520
	控除効果	−1.868	−1.948	−1.981	−1.857	−1.510
モデル3	税制効果	0.067	0.070	0.062	0.064	0.055
	税率効果	0.082	0.095	0.070	0.067	0.108
	控除効果	−0.015	−0.024	−0.008	−0.003	−0.053
	給与所得控除	−0.059	−0.061	−0.052	−0.052	−0.053
	公的年金等控除	0.079	0.078	0.080	0.081	0.031
	社会保険料控除	−0.016	−0.018	−0.015	−0.015	−0.016
	基礎控除	−0.005	−0.006	−0.005	−0.006	−0.006
	配偶者控除	−0.006	−0.009	−0.008	−0.004	−0.004
	扶養控除	−0.004	−0.005	−0.004	−0.004	−0.004
	老年者控除	−0.004	−0.004	−0.003	−0.004	0.000

効果	中年世代					年齢階級間				
	88年	94年	99年	04年	15年	88年	94年	99年	04年	15年
	0.090	0.101	0.091	0.085	0.077	0.084	0.088	0.076	0.079	0.065
	0.042	0.046	0.032	0.033	0.057	0.003	0.004	0.003	0.003	0.012
	−1.301	−1.476	−1.822	−1.474	−1.075	−2.555	−2.606	−2.569	−2.431	−2.038
	1.350	1.530	1.880	1.526	1.095	2.635	2.690	2.642	2.506	2.091
	0.010	0.011	0.010	0.010	0.009	0.004	0.004	0.004	0.004	0.003
	0.234	0.257	0.298	0.255	0.202	0.161	0.164	0.162	0.155	0.134
	−0.224	−0.246	−0.288	−0.245	−0.193	−0.157	−0.160	−0.158	−0.151	−0.131
	0.090	0.101	0.091	0.085	0.077	0.084	0.088	0.076	0.079	0.065
	0.102	0.111	0.076	0.075	0.103	0.109	0.125	0.091	0.088	0.137
	−0.012	−0.011	0.014	0.010	−0.026	−0.025	−0.037	−0.015	−0.009	−0.072
	−0.022	−0.022	−0.006	−0.006	−0.019	−0.099	−0.101	−0.082	−0.082	−0.084
	0.004	0.004	0.004	0.004	0.002	0.117	0.122	0.120	0.121	0.063
	−0.014	−0.015	−0.010	−0.010	−0.013	−0.023	−0.026	−0.021	−0.020	−0.024
	0.002	0.002	0.003	0.003	−0.001	−0.003	−0.006	−0.004	−0.005	−0.008
	0.007	0.009	0.010	0.005	0.003	−0.004	−0.007	−0.006	−0.003	−0.005
	0.011	0.011	0.013	0.014	0.002	−0.019	−0.023	−0.025	−0.024	−0.013
	0.000	0.000	0.000	0.000	0.000	0.005	0.004	0.004	0.004	0.000

最後にモデル3を用いて,控除の税負担軽減効果の観点から,税制改革の影響を評価する.

まず,それぞれの年齢階級への税率効果,控除効果の推移を見ると,1999年から2004年にかけて若年世代と中年世代の税制効果が低下しているのは,主に控除効果が低下したためであり,高齢世代と年齢階級間の税制効果の上昇は控除効果が上昇したためであることが分かる.さらに,2004年税制から2015年税制への税制効果の低下の要因は所得階級の場合と同様,控除効果が大きく低下したためである.

①若年世代と中年世代では,2015年税制を除いて,控除による負の所得再分配効果は小さい.むしろ,若年世代では2015年税制以外の税制のもとで,中年世代では1999年,2004年税制のもとで,控除は所得再分配効果を持つ.一方で,高齢世代および年齢階級間の控除効果はすべての年の税制を通して負の値をとっていることから,控除の適用前よりも適用後の所得格差を拡大させていることとなる.

②税率効果,控除効果の推移を見

ると，1999年から2004年にかけて若年世代と中年世代の税制効果が低下しているのは，控除効果が低下したためであり，高齢世代と年齢階級間の税制効果の上昇は控除効果が上昇したためであることが分かる．さらに，2004年税制から2015年税制への税制効果の低下の要因は所得階級の場合と同様，控除効果が大きく低下したためである．

次に，年齢階級ごとの各種の控除効果の結果に注目し，税制改革が控除効果に与えた影響を明らかにする．

第1に，給与所得控除は表2-5の結果と同様にすべての世代について，負の所得再分配効果を持つ．しかし，表2-5の結果と比較すると，若年世代と中年世代では，給与所得控除の所得再分配効果が高いことに加えて，給与所得控除がサラリーマンの必要経費の概算であるということを考慮にいれると，ある程度の負の所得再分配効果はやむを得ない面があると言える．むしろ，年齢階級間の結果を見れば分かるとおり，給与所得控除の負の所得再分配効果は年齢階級間，とくに，若年，中年世代と高齢世代間の問題といえる．給与所得控除の控除効果は1999年税制で増加し，2015年税制で低下する．1999年税制の場合は，1995年に給与所得控除額が増額されたものの，税率のフラット化が同時に行われたため，高所得世帯の控除による税負担軽減効果が弱まり，給与所得控除の控除効果が増加した．一方で，2015年税制の場合，給与所得控除の控除額自体に変化はないものの，税率のブラケットの細分化によって，高所得世帯の税負担が大きく軽減されたため，給与所得控除による所得再分配効果が低下したと考えられる．

第2に，公的年金等控除については，年齢階級間で大きな役割を果たしているため，ここでは年齢階級間の影響に注目したい．まず，年齢階級間の結果については，表2-5の結果と同様の結果が得られた．公的年金等控除は1990年に控除額が増額されたため，1994年税制には増額後の公的年金等控除が用いられている．公的年金等控除が適用される世帯は，ほぼすべてが高齢世代であり，高齢世代は若年世代や中年世代よりも低所得世帯が多い．したがって，公的年金等控除の増額は低所得世帯の税負担を軽減することにな

るため，1994年税制のもとで，公的年金等控除の効果の増加につながった．同様に，2007年には，65歳以上に対する公的年金等控除の減額が行われたため，それが年齢階級間の公的年金等控除の効果を低下させた．

第3に，各年代の所得控除の変化に焦点を当てたい．各種の所得控除の控除効果については，若年，中年世代では社会保険料控除を除いてほぼ正の値をとっていることから，所得控除は税制の所得再分配効果に寄与している．とくに，表2-6の高所得階級と同様に，配偶者控除と扶養控除の控除効果が所得再分配効果に大きく影響しているため，若年世代と中年世代内のこれら2つの控除効果の値の変化について注目する．

配偶者控除については，2003年の税制改革によって，配偶者控除の適用対象者に対する配偶者特別控除の上乗せ部分が廃止された．本章の分析で使用したデータの場合，課税後所得を基準とした高所得世帯には，共働きで配偶者控除の適用対象外である世帯も多い．配偶者特別控除の部分的な廃止は，高所得階級よりもむしろ，低所得階級，中所得階級の税負担増加に寄与したため，若年世代や中年世代において配偶者控除の控除効果が低下したと考えられる．

また，表中には示していないが，扶養控除に関しては，2010年改革による扶養控除額の減額の結果，若年世代と中年世代の扶養控除適用対象世帯および控除額が大きく減少したことを確認している．とくに，若年世代および中年世代内の高所得世帯の扶養控除の減少幅がもっとも小さく，年齢階級内の税負担の差が広がったため，扶養控除効果による所得再分配効果が減少したと考えられる．

第3に，高齢世代の所得控除の控除効果については，公的年金等控除が正の値をとるが，その他の控除効果はすべて負の値をとる．また，2015年の公的年金等控除の控除効果を除いて，各種所得控除の控除効果は若年世代や中年世代と比較すると，ほとんど税制改革による影響を受けていないことが分かる．

原因として①年金収入に対して公的年金等控除額が大きいこと，②年金収

入を主な収入とする高齢世代には低所得者が多いことが挙げられる．一般的に知られていることであるが，年金収入に適用される公的年金等控除は，給与収入に適用される給与所得控除と比較すると，控除額が大きい．例えば年収200万円の給与収入を得ている者と年金収入を得ている者がいるとする．2004年税制の場合，給与所得控除は76.5万円であるが，公的年金等控除は65歳未満で87.5万円，65歳以上の場合は140万円であるため，給与所得控除とは大きな開きがある．

また，高齢世代では年金収入者が大半を占めており，その多くが低所得階級あるいは中所得階級（下）に属する．したがって，所得の算出時に，公的年金等控除のみで所得がゼロとなる者が多いため，所得控除による税負担軽減効果の恩恵は所得が多い者しか得ることができない．その結果，各所得控除の控除効果は負の所得再分配効果を持つと考えられる．高齢世代では，そもそも所得控除額の変更などの税制改革の影響を受ける世帯が少ないため，公的年金等控除を除いた世代内の控除効果がほとんど変化しないという結果となった．

年齢階級間の各種の控除の控除効果に関しては，主に以下の2点の結果が得られた．

第1に，年齢階級間の税率効果と控除効果を所得階級間および表5の全体の税率効果と比較すると，税率効果は非常に高いが，控除効果はきわめて低い．このことから，控除による負の所得再分配の問題は所得階級というよりは，年齢階級間での大きな問題であると言える．

第2に，給与所得控除と公的年金等控除の控除効果がそれぞれ正反対の影響を持ち，控除効果の値自体もグループ内の効果より大きい．第3に，所得控除の控除効果は老年者控除を除いて，格差を拡大させる効果を持つ．

この3点についてはすでに述べたように，年金収入を主な収入とする高齢世代に低所得世帯が集中しており，給与収入を主な収入とする若年，中年世代世帯に高所得世帯が多いためである．

5.4 収入グループ別の結果

次に，分析対象世帯を収入グループ別に分類することで，税制が収入グループ内で果たす役割について，とくに，所得再分配効果に大きな影響を与えている給与所得控除と公的年金等控除の役割について分析を行う．表 2-8 は給与収入のみを得ている世帯，年金収入のみを得ている世帯，給与収入と年金収入の双方を得ている世帯の3つのグループ内および収入グループ間の税制効果を示したものである．

表 2-8 からは，これまでの結果の解釈をより強固にする結果が得られた．表 2-8 の税制効果に注目すると，給与収入世帯の変化は表 2-7 の若年世代や中年世代の結果と，給与収入＋年金収入世帯の変化は表 2-5 の各年の結果と，収入グループ間の税制効果については，表 2-7 の年齢階級間の結果と同様の動きを見せていることが分かる．年金収入世帯については，税制効果にほとんど変化がないが，2015 年税制のもとで再分配効果が若干上昇している．

次に，モデルごとに，収入グループ内，グループ間の税率効果と控除効果の変化を明らかにし，その要因について考える．まずは，モデル1の税率効果と控除効果に注目する．とくに，適用される控除が異なる給与収入世帯と年金収入世帯を中心に説明する．

まず，モデル1の給与収入世帯では，これまでの分析と同様に税率効果は，税制改革による税率のブラケットの変化に影響を受けている．ここでも，フラットな税率が適用される 1999 年税制や 2004 年税制のもとでは，税率効果が低下し，税率のブラケットが再度細分化された 2015 年税制のもとでは，税率効果も増加していることが確認される．控除効果についても，これまでの分析と同様に，控除額が増加する 1994 年，1999 年には控除効果が低下するものの，配偶者特別控除の配偶者控除の上乗せ部分や年少扶養控除が廃止された 2004 年税制，公的年金等控除および扶養控除の削減が行われた後の 2015 年税制では控除効果が増加する．

年金収入世帯では，税率効果がきわめて小さいうえに，控除効果の負の値

表 2-8 収入グループ別の税制

		給与収入世帯				
		88年	94年	99年	04年	15年
モデル1	税制効果	0.089	0.099	0.090	0.083	0.074
	税率効果	0.040	0.045	0.030	0.033	0.062
	控除効果	−1.306	−1.461	−1.873	−1.353	−0.829
	residual	1.356	1.516	1.932	1.402	0.842
モデル2	税制効果	0.010	0.012	0.011	0.010	0.009
	税率効果	0.244	0.265	0.317	0.249	0.175
	控除効果	−0.233	−0.254	−0.307	−0.239	−0.167
モデル3	税制効果	0.089	0.099	0.090	0.083	0.074
	税率効果	0.102	0.112	0.077	0.076	0.104
	控除効果	−0.013	−0.013	0.013	0.007	−0.030
	給与所得控除	−0.021	−0.020	−0.004	−0.005	−0.018
	公的年金等控除	0.000	0.000	0.000	0.000	0.000
	社会保険料控除	−0.014	−0.015	−0.010	−0.010	−0.013
	基礎控除	0.003	0.002	0.004	0.004	−0.001
	配偶者控除	0.008	0.010	0.011	0.006	0.003
	扶養控除	0.011	0.010	0.012	0.013	0.000
	老年者控除	0.000	0.000	0.000	0.000	0.000
		給与＋年金収入世帯				
		88年	94年	99年	04年	15年
モデル1	税制効果	0.065	0.069	0.063	0.062	0.050
	税率効果	0.013	0.016	0.011	0.011	0.021
	控除効果	−3.788	−4.024	−4.279	−3.935	−3.398
	residual	3.840	4.078	4.331	3.986	3.427
モデル2	税制効果	0.009	0.010	0.009	0.009	0.007
	税率効果	0.663	0.698	0.734	0.684	0.603
	控除効果	−0.654	−0.688	−0.725	−0.675	−0.596
モデル3	税制効果	0.065	0.069	0.063	0.062	0.050
	税率効果	0.085	0.097	0.072	0.070	0.103
	控除効果	−0.021	−0.027	−0.009	−0.008	−0.054
	給与所得控除	−0.038	−0.039	−0.028	−0.028	−0.040
	公的年金等控除	0.035	0.035	0.036	0.037	0.015
	社会保険料控除	−0.014	−0.016	−0.013	−0.013	−0.016
	基礎控除	0.001	−0.001	0.000	0.000	−0.004
	配偶者控除	0.002	0.001	0.002	0.001	−0.001
	扶養控除	−0.004	−0.006	−0.006	−0.005	−0.007
	老年者控除	−0.001	−0.001	−0.001	−0.001	0.000

第2章　所得税制における税率と控除の所得再分配効果　　67

効果

年金収入世帯				
88年	94年	99年	04年	15年
0.012	0.011	0.011	0.011	0.017
0.001	0.001	0.001	0.001	0.001
−28.173	−29.586	−29.656	−28.214	−19.474
28.184	29.595	29.666	28.224	19.491
0.001	0.001	0.001	0.001	0.002
2.931	3.073	3.080	2.935	2.056
−2.930	−3.072	−3.079	−2.934	−2.054
0.012	0.011	0.011	0.011	0.017
0.007	0.012	0.008	0.007	0.027
0.005	−0.001	0.003	0.004	−0.010
0.000	0.000	0.000	0.000	0.000
0.050	0.043	0.047	0.048	0.010
−0.010	−0.011	−0.010	−0.011	−0.007
−0.012	−0.012	−0.012	−0.013	−0.008
−0.007	−0.009	−0.009	−0.005	−0.004
−0.002	−0.002	−0.001	−0.002	−0.001
−0.014	−0.011	−0.011	−0.012	0.000

収入グループ間				
88年	94年	99年	04年	15年
0.082	0.085	0.074	0.080	0.062
0.004	0.005	0.003	0.003	0.012
−3.202	−3.259	−3.212	−3.256	−2.606
3.281	3.339	3.283	3.333	2.656
0.004	0.004	0.004	0.004	0.003
0.196	0.199	0.196	0.199	0.165
−0.192	−0.195	−0.193	−0.195	−0.162
0.082	0.085	0.074	0.080	0.062
0.099	0.115	0.086	0.083	0.132
−0.017	−0.030	−0.012	−0.003	−0.070
−0.113	−0.117	−0.102	−0.102	−0.097
0.140	0.144	0.143	0.144	0.072
−0.021	−0.024	−0.020	−0.020	−0.022
−0.004	−0.007	−0.005	−0.006	−0.008
−0.007	−0.012	−0.011	−0.006	−0.006
−0.015	−0.018	−0.020	−0.018	−0.007
0.004	0.003	0.003	0.004	0.000

がきわめて大きい．年金収入世帯では，1995年や2007年の税率の改革が税率効果にほとんど寄与していない．これは，全般的に年金収入世帯では，課税対象所得が低く，多くの世帯でもっとも低い税率が適用されているためだと考えられる．

次に，モデル2の税率効果と控除効果に焦点を当てる．モデル2の税率効果と控除効果については，給与収入世帯は表2-7の若年世代や中年世代と，年金収入世帯は表2-7の高齢世代と，収入グループ間の結果は表2-7の年齢階級間の結果と整合的な結果が得られた．

とくに収入グループ間では，年齢階級間の場合と同様に，1999年税制のもとで，税率効果が低下する．このことから，1994年税制から1999年税制に変化した際の控除額の増加は，とくに給与収入世帯と給与収入世帯＋年金収入世帯グループの税負担を軽減させたと考えられる．

最後にモデル3の税率効果と

控除効果について説明を行いたい．

モデル3においても，給与収入世帯の結果に関しては，税制効果と同様に年齢階級別の中年世代の結果と非常によく似た結果となっている．一方で，年金収入世帯は総じて収入が低く，所得税の税率が第1ブラケットの税率である世帯が大部分を占めるため，超過累進税率による所得再分配効果が機能していない．また，年金収入世帯では，モデル1の場合と同様に，他のグループ内，収入グループ間と比較すると，税率が変化する税制改革の影響がきわめて小さい．ただし，税率の第1ブラケットの金額が引き下げられた2015年税制のもとでは，2004年税制の0.007から0.027まで税率効果が上昇している．また，税率効果の値が税制効果を上回っているため，年金収入世帯内の税制効果を高めるためには，控除の見直しが必要となることを示唆している．

年金収入世帯については，1999年税制にかけての税率のフラット化よりも2015年の低所得者のブラケットの変更が所得再分配効果に対して意味を持つことになる．年金収入世帯の控除効果は1994年，2015年を除いて正の値であるが，2015年税制では，2004年税制と比較して大きく減少している．次に，収入グループ別の各種の控除効果を確認する．

第1に，給与収入世帯のみに限定した場合でも，給与所得控除の控除効果が負の値を取ることが分かった．ただし，給与所得控除の控除効果の値自体は，年金収入世帯が含まれてない分だけ小さい．

ひとつの原因として考えられるのは，給与所得控除が収入とともに控除額が上昇する制度であるということである．控除によって課税対象所得が税率のブラケットの境まで低下する世帯が，控除による税負担軽減効果の恩恵を最大限に享受することができる．したがって，収入とともに給与所得控除額が上昇することで，高所得者でも大きく課税対象所得が減額されるため，税率のブラケットが変化しやすくなる．さらに，その際には，税率の高いブラケットの税負担額が減額されるため，高所得者ほど税負担軽減額が大きくなる．その結果，給与所得控除は同じ給与収入グループ内でも格差を拡大させ

る．

　給与所得控除の影響は 1999 年に増加しているが，これは 1995 年の税率のフラット化によるところが大きく，2015 年に再度控除効果が低下しているのは 2007 年のブラケットの細分化によるものである．

　第 2 に，給与収入世帯の所得控除については，社会保険料控除以外のほぼすべての所得控除が正の値をとっていることから，所得控除が税の所得再分配に寄与している．とくに，配偶者控除と扶養控除による影響が大きいことが分かるが，配偶者控除，扶養控除ともに税制改革による控除額の減額後に控除効果が大きく低下している．これは，年齢階級ごとの若年世代や中年世代の結果と整合的である．

　第 3 に，年金収入世帯の公的年金等控除は，これまでの結果と同様に所得再分配効果を持つことが分かる．ただし，公的年金等控除についても，給与収入世帯が存在しない分だけ，控除効果の値が小さい．この結果は給与収入世帯の給与所得控除が負の所得再分配効果を持つこととは対照的である．これは双方の収入の分布に大きな違いがあるためである．給与収入世帯では，給与所得控除によって税率のブラケットが変更され，税負担が大きく低下する高所得者税負担が多いため，給与所得控除効果は課税後所得の格差を拡大させる．

　一方で，年金収入世帯では高所得者が少なく，公的年金等控除によって所得税が非課税となる低所得者が多い．低所得世帯が非課税になる影響が，高所得者の税負担軽減効果を上回ることで，公的年金等控除が格差を縮小させるという結果となった．公的年金等控除の効果の変化を見ると，給与収入世帯とは異なり 1999 年税制のもとで，控除効果が低下するということは見られない．これは，給与収入世帯と異なり，低所得世帯が多く，1995 年の税率のフラット化の影響を受ける世帯が非常に少なかったためである．また，2015 年税制では，公的年金等控除の減額の影響のために，大きく公的年金等控除が低下していることが確認される．

　第 4 に，年金収入世帯では，各年の税制において所得控除の控除効果が負

の値である．すでに述べたとおり，年金収入世帯内では，公的年金等控除額が大きいため，所得が多い世帯のみが公的年金等控除以外の控除による税負担軽減の恩恵を受ける．そのため，各所得控除の控除効果が負の値を取る結果となった．表 2-5 の結果では，ほとんど効果がゼロである老年者控除も，年金収入世帯では，負の所得再分配効果を持つ．これらの点については，表 2-7 の高齢世代の結果と同様である．ただし，所得控除の控除効果は税制改革による変化がほとんど見られない．これは，年金収入世帯では，公的年金等控除の影響がきわめて大きいためだと考えられる．

　第 5 に，収入別のグループで見た場合でも，2015 年税制のもとで，税制効果が低下している．とくに，税率のブラケットが細分化されたにもかかわらず，高所得世帯が多い給与収入世帯でも税制効果が低下している．

　収入別グループやグループ間でこのような結果が得られた理由は，2015 年税制のもとでは，税率効果が大きく増加する一方で，公的年金等控除の控除効果が大きく減少しているためである．税率と公的年金等控除は 2004 年から 2015 年にかけて制度が変更されたため，その影響を受けていると考えられる．税率は 2007 年の税制改革によってブラケットが細分化され，2006 年までは 330 万円まで税率が 10% であったところが，2007 年以降は 195 万円までが 5%，195 万円超 330 万円までが 10% となった．

　年金収入世帯には低所得世帯が集中しており，課税最低限が 195 万円を下回る者も多数いる．この改革によって，低所得者，とくに課税対象所得が 195 万円を下回る者の税負担が相対的に大きく低下したため，税率効果が増加した．

　公的年金等控除の控除効果の減少については，公的年金等控除の控除額の減額とともに税率構造の変化が影響している．2004 年の税制改革によって，65 歳以上の者の年金収入が 260 万円以下の場合は 20 万円，260 超 330 万円未満の場合は 20 万円から 37.5 万円，330 万円以上の場合は 37.5 万円の公的年金等控除額が減額された．

　税率構造に変化がなければ，控除額の減額によって，所得税が非課税であ

った一部の低所得者が新たに税負担を負う一方で，2004年税制のもとで税負担を負っていた者の税負担も重くなる．しかし，実際には税率構造が変更され，年金収入世帯内で，2004年税制のもとで所得税を負担していた者の税負担額が軽減された．その結果，年金収入世帯内における公的年金等控除の控除効果が減少した．

収入グループ間の結果についても年齢階級間の結果とほぼ同様の結果が得られた．給与収入世帯が若年，中年世代に集中し，年金収入世帯が高齢世代に集中していることを考えると，収入グループ間の結果が年齢階級間の結果と同様であるのは直感的にも明らかである．

6. まとめ

本章では，全消匿名データを使用し，所得税の所得再分配効果を税率による効果と控除による効果に分類し，それぞれの影響を3つのモデルを用いて，明らかにした．以下では，本章で得られた主な結果をまとめ，今後の課題を述べることで結びとする．まず，所得税による税制効果を税率による効果と控除による効果に分類したところ，以下の3点が明らかとなった．

①すべてのモデルで共通して，所得税による所得再分配効果は確実に低下傾向にある．モデル1とモデル2では共通して，税制改革によるさまざまな控除の増加によって控除効果が低下していることが明らかになった．

また，1995年以降の税率のブラケットの変更が直接的に影響するモデル1とモデル3では，税率効果は低下する．一方で，課税ベースにも影響を受けるモデル2の税率効果では，税率がフラット化された期間に増額された給与所得控除や人的控除の影響を受けて，税率効果が増加するという結果を得た．ただし，モデル1では，税率効果と控除効果以外の $residual$ が大きく影響しており，この効果があることによって，税率や控除の変更がどれほど税制効果に寄与したかを把握することが難しい．

②モデル3では，各年の税制において，税制効果のなかで税率効果の影響

が大きいが，控除効果に関してはフラットな税率のもとでは所得再分配効果を持ち，税率のブラケットが細分化されると，負の所得再分配効果を持つ．また，控除のなかでも給与所得控除と公的年金等控除の影響がとくに大きいが，これは他の控除と比べて控除額が大きいためだけでなく，給与収入を得るものと年金収入を得るものとの所得差が大きいためでもある．また，給与所得控除の控除効果の変化には税率のフラット化も影響していることを示した．

③モデル3の全体の税制効果に対する各種の所得控除の控除効果の影響は小さく，税制改革による控除額の変化はそれほど所得再分配効果に影響を及ぼしていない．

次に所得税の税制効果を所得階級別，年齢階級別，主な収入別のグループに分類して，それぞれの税率効果，控除効果を算出した分析によって，以下の結果を得た．

①モデル1とモデル2の結果については，ほぼすべての階級内で全体の結果と同様に，控除額の増額が税制効果を弱めていることを示した．しかし，年齢階級間，収入グループ間の結果では，それまでの控除額の増額によって，相対的に高所得世帯の多い若年，中年世代（給与収入世帯）の課税対象所得が大きく減少されるため，課税対象所得ベースの格差が縮小し，控除効果が増加するという結果を得た．つまり，控除による所得再分配効果の低下は若年世代や中年世代内の問題というよりも高齢世代内および年齢階級間の問題である．

②モデル3では，2015年税制のもとで，控除効果の低下が見られるが，給与収入世帯と年金収入世帯では原因が異なる．給与収入世帯では扶養控除の減額が大きな要因であり，年金収入世帯では公的年金等控除の65歳以上の者に対する定額控除および最低控除額の減額が影響している．

本章の結果から，税制による所得再分配効果は確実に低下していることが分かった．しかしながら，所得再分配効果の低下が問題であるかどうかは議論の余地がある．

まず，全体の結果によれば，2004年から2015年にかけての所得税の所得再分配効果の低下の主因は，公的年金等控除の減額である．つまり，公的年金等控除が減額されたために，課税前所得よりも課税後所得の格差が拡大するということであるが，これは，年収が比較的低い高齢者の負担が増えるためであり，勤労によって収入を得ている世帯が多い若年世代や中年世代にはほぼ影響がない．

　2004年度の税制改正に関する答申でも，2004年以前の公的年金等控除に関して，「65歳以上の高齢者を経済力にかかわらず一律に優遇する措置であり，世代間のみならず高齢者間においても不公平を引き起こして」おり，「高齢者に対しても担税力に応じた負担を求めていかねばならない」と指摘している．同答申が指摘しているように，年齢のみを基準に公的年金等控除を大幅に増額する積極的な理由がないうえに，公的年金等控除の減額による控除効果の低下は人口構造的な問題でもある．とくに，高齢化が急速に進んでいる日本では，公的年金等控除の適用対象となる高齢世帯が急増している．

　低所得者の多い高齢世帯が増えるほど，公的年金等控除の控除効果は増加するが，一方で公的年金等控除の減額による控除効果の低下も大きくなる．つまり，公的年金等控除の減額による控除効果の大幅な低下は全世帯に占める高齢世帯の増加が寄与している．したがって，公的年金等控除の減額による格差拡大はある程度は予想されるものであり，とくにこの改革は，上述の答申が指摘している問題の解消を図ったものであるため，所得再分配効果の低下はやむを得ない面もある．

　次に若年世代や中年世代では，配偶者特別控除の上乗せ部分の廃止，16歳未満の扶養控除の廃止および16歳から18歳までの特定扶養親族に対する扶養控除の上乗せ部分の廃止によって，それぞれの控除効果が低下していることを示したが，この点についても注意が必要である．まず，配偶者特別控除については，2003年度の税制改革についての答申のなかで，「経済社会の構造変化に即応して，個々人の自由なライフスタイルの選択に介入しないような中立的な税制にする観点から是正を図り」，簡素化された経緯がある．

また，同答申では，「配偶者控除に上乗せして，言わば『二つ目』の特別控除を設けている現行制度は，納税者本人や他の扶養親族に対する配慮と比べ，配偶者に過度な配慮を行う結果となっている」とも指摘している．つまり，配偶者控除の控除効果の低下は，中立的な税制を求めた結果であり，配偶者特別控除が配偶者の行動を歪めている可能性があることを考えると，この改革は必要なものであったと考えられる．

さらに，扶養控除の一部廃止については，民主党政権時の子ども手当の創設，公立高等学校の授業料の無償化にともなうものであることを考慮にいれると，所得税制だけでなくこれらの制度変更も含めたうえで，所得再分配効果を議論する必要がある．以上のように，税制効果の経年的な低下については，それぞれの税制改革に明確な目的があったことから，一概に所得税制の所得再分配効果の低下が問題であるということはできない．

次に，各年の控除効果が低い要因のひとつである給与所得控除に焦点を当てる．給与所得控除は，ほとんどのグループ間，グループ内で負の所得再分配効果が見られた．しかしながら，年齢階級間，収入階級間で給与所得控除が負の所得再分配効果を有するのは，勤労世代と高齢世代間の問題であり，年金収入で生計を立てている高齢世代の所得が勤労世代よりも少ないのは当然である．また高齢世代では，勤労世代にはほとんど適用されない公的年金等控除によって税負担が大きく軽減されるため，給与所得控除が勤労世代と高齢世代間の所得再分配効果を弱めていることはそれほど問題ではないはずである．

むしろ，給与所得控除については年齢階級内，給与収入世帯内でも格差を拡大させる効果が見られたことが問題である．前節でも触れたとおり，原因の一端は，給与収入額の増加とともに，給与所得控除額が増加することにある．所得再分配機能を強化することが望ましいとするなら，今後ますますの給与所得控除の改革が必要であると考えられることから，分析結果は2014年の税制改革における給与所得控除額の上限額の引き下げを肯定するものである．

本章の分析に残された課題は以下のとおりである．

本章の分析では，所得税による課税前所得と課税後所得の格差の変化のみに焦点を当てて分析を行った．しかし，所得格差は税制による影響のみならず，社会全体の人口構成，非正規雇用の増加やライフスタイルの変化による世帯構成の違いといった社会的要因ならびに景気の変動といった経済的要因にも大きく影響される．したがって，今後は所得格差を税制による影響と上記のような社会的，経済的要因による影響とに明確に分解し，それぞれの影響を分析する必要がある．

また，所得再分配効果とは別に，給与所得控除はかねてより問題点が挙げられている．例えば，「平成 24 年度税制改正大綱」では，「給与所得控除については，『勤務費用の概算控除』と『他の所得の負担調整のための特別控除』の 2 つの性格を有しているもの」としながらも，「就業者に占める給与所得者の割合が約 9 割となっている現状で，『他の所得との負担調整』を認める必要性は薄れてきている」こと，「主要国との比較においても全体的に高い水準」であることが指摘されている．今後は，このような指摘を考慮に入れたうえで，どの程度の給与所得控除の水準が望ましいのかを分析することが必要である．

また，日本の個人所得課税には所得税の他にも個人住民税がある．2007年の所得税の税率の変化は三位一体改革を踏まえたものであり，個人住民税と所得税を合わせた税率は変化しないように改革が行われていることを考慮にいれると，所得税とともに個人住民税の個別の所得再分配効果に関する研究を行う必要がある．そこで，次章では個人住民税の所得再分配効果に焦点をあて，分析を行う．

第3章
個人住民税における税率と控除の所得再分配効果

1. 個人住民税と所得再分配効果

　日本の個人所得課税において，国税である所得税とともに重要な役割を果たしているのが，地方税である個人住民税である．個人住民税の負担額は所得税と同様に，所得に対して各種の所得控除を適用し，課税対象所得を算出した後，課税対象所得に対して税率を適用することで求められる．

　2007年に個人住民税所得割の標準税率が道府県と市町村を合わせて一律10％とされる以前は，所得税よりも累進性は低いものの，超過累進税率が適用されていた．このことから，個人住民税に関しても税制による所得再分配効果を持つことは明らかであるが，日本の既存研究では，個人住民税の所得再分配効果に焦点を当てた分析はほとんど行われてこなかった[1]．

　また，個人住民税所得割の税率が一律に10％になったからといって，住民税の所得再分配効果が皆無となったわけではない．なぜなら，個人住民税は給与所得控除や所得控除が適用されるため，課税最低限が存在し，非課税世帯も存在する．したがって，税率は10％の比例税率ではあるものの，課税前所得に対する税負担額の割合を表す平均税率は，所得の増加とともに増加するため，現行の個人住民税は依然として累進税である．

---

[1] 例外的に林（1995），望月・野村・深江（2010）が個人住民税の所得再分配効果について分析を行っている．

そこで，本章では第2章と同様にタイル尺度を用いて，過去の税制改革が個人住民税の所得再分配効果に与えた影響および個人住民税の所得再分配効果の現状を明らかにする．

本章の構成は以下のとおりである．第2節では，本章での分析方法とデータについて説明し，第3節で分析結果を示した後，第4節で分析結果をまとめ，今後の課題を示す．

2. 分析方法とデータ

2.1 個人住民税の税制効果

本章の分析についても，第2章に引き続きタイル尺度を用い，(1) 式に基づいて，全体のタイル尺度に対する階級内の影響と階級間の影響を検証する．

$$T_x = \sum_{k=1}^{K} \frac{n_k \mu_k}{n\mu} T_x^k + \sum_{k=1}^{K} \frac{n_k \mu_k}{n\mu} \log \frac{\mu_k}{\mu} \tag{1}$$

k：第 k グループ，n_k：第 k グループの人数，μ_k：第 k グループの平均所得 T_x^k：第 k グループのタイル尺度，$T_x^k = \sum_{i=1}^{n_k} \frac{y_i^k}{n_k \mu_k} \log \frac{y_i^k}{\mu_k}$：第 k グループのタイル尺度

また，本章でも前章で用いた3つのモデルを用いることで，全世帯，各階級，階級間に対する税制の所得再分配効果を全体の効果，税率による効果，控除による効果に分類し，それぞれの効果を明らかにする．モデル3の控除効果については，さらに各種の控除効果に分類することで，それぞれの控除が所得再分配効果に与える影響について検証する[2]．

まず，モデル1の税制効果は世帯収入のタイル尺度から，課税後所得のタイル尺度への変化率とする．

---

2) 各種の控除効果の詳細については，第2章4節2項を参照のこと．

第3章　個人住民税における税率と控除の所得再分配効果　　　　　79

$$\text{モデル1の税制効果} = \frac{Y_{Theil} - (Y-T)_{Theil}}{Y_{Theil}} \quad (2)$$

次に税率効果を課税対象所得の課税前所得のタイル尺度から，課税対象所得の課税後所得のタイル尺度への変化率とし，(3) 式で表す．

$$\text{モデル1の税率効果} = \frac{Y(1-d)_{Theil} - Y(1-d)(1-t)_{Theil}}{Y(1-d)_{Theil}} \quad (3)$$

ここで，d は給与所得控除と公的年金等控除を含んだ控除率，$Y(1-d)_{Theil}$ は課税対象所得の課税前タイル尺度，$Y(1-d)(1-t)_{Theil}$ は課税対象所得の課税後タイル尺度である．また，控除効果として (4) 式を，税制効果から税率効果と控除効果を差し引いた $residual$ として (5) 式を用いる．

$$\text{モデル1の控除効果} = \frac{Y_{Theil} - Y(1-d)_{Theil}}{Y_{Theil}}$$
$$+ \frac{Y(1-d)(1-t)_{Theil} - (Y-T)_{Theil}}{Y(1-d)(1-t)_{Theil}} \quad (4)$$

$$residual = \frac{Y_{Theil} - (Y-T)_{Theil}}{Y_{Theil}} - \frac{Y(1-d)_{Theil} - Y(1-d)(1-t)_{Theil}}{Y(1-d)_{Theil}}$$
$$- \left(\frac{Y_{Theil} - Y(1-d)_{Theil}}{Y_{Theil}} + \frac{Y(1-d)(1-t)_{Theil} - (Y-T)_{Theil}}{Y(1-d)(1-t)_{Theil}} \right) \quad (5)$$

次に，モデル2の税制効果，税率効果，控除効果についてはタイル尺度を用いて，それぞれ (6) 式，(7) 式，(8) 式で表す．

$$\text{モデル2の税制効果} = Y_{Theil} - (Y-T)_{Theil} \quad (6)$$

$$\text{モデル2の税率効果} = Y(1-d)_{Theil} - (Y-T)_{Theil} \quad (7)$$

$$\text{モデル2の控除効果} = Y_{Theil} - Y(1-d)_{Theil} \quad (8)$$

モデル1およびモデル2では，税率による効果と控除による効果に分類しているものの，給与所得控除や基礎控除といった各種の控除による効果につ

いては触れられていない．そこで，前章と同様に各種の控除効果を明らかにするために，モデル3として税率効果と控除効果を定義する．なお，モデル3の税制効果については，モデル1の税制効果と同様に (2) 式で定義する．

税率効果，控除効果，各種の控除効果を (9), (10), (11) 式で定義する．

$$モデル3の税率効果 = \frac{Y_{Theil} - Y(1-t)_{Theil}}{Y_{Theil}} \tag{9}$$

$$モデル3の控除効果 = \frac{Y(1-t)_{Theil} - (Y-T)_{Theil}}{Y_{Theil}} \tag{10}$$

$$控除iの控除効果 = \frac{Y_{Theil} - Y\left(1-\left(1-\sum_{j=1}^{n}d_j\right)t\right)_{Theil}}{Y_{Theil}}$$

$$- \frac{Y_{Theil} - Y\left(1-\left(1-\sum_{j=1}^{n}d_j + d_i\right)t\right)_{Theil}}{Y_{Theil}} \tag{11}$$

ここで，n は適用する控除数，$d_{j,i}$ は控除 j あるいは控除 i の控除率，$Y\left(1-\left(1-\sum_{j=1}^{n}d_j\right)t\right)_{Theil}$ は控除 i を含む n 個の控除と税率を適用した場合の課税後所得のタイル尺度，$Y\left(1-\left(1-\sum_{j=1}^{n}d_j + d_i\right)t\right)_{Theil}$ は n 個の控除から控除 i のみが適用されない場合の課税後所得のタイル尺度である．

2.2 分析で用いるデータ

本章では，1989年，1994年，1999年，2004年の全消匿名データを用いる．全消匿名データの特徴と処理方法については，第1章で詳しく述べている．分析対象とする世帯数は第2章と同様に，1989年は3万4,083世帯，1994年は3万7,959世帯，1999年は3万8,786世帯，2004年は3万7,658世帯である．第1章にて示したように，1988年，1994年，1999年，2004年，2015年税制を用いてデータ処理を行うことで得られた世帯の個人住民税課税後所得（以下，課税後所得とする）を使用する．本章で使用した税制の控

第3章 個人住民税における税率と控除の所得再分配効果　　　　81

除および税率は表 3-1 のとおりである．

　個人住民税には，所得割の他に均等割が存在するものの，分析結果にほとんど影響を与えないため，本章の分析では均等割を除外している[3]．また，個人住民税は各地方自治体ごとに非課税限度額が定められているが，こちらも分析結果に対する影響がほぼないため，以降の議論では扱わない[4]．

　第 2 章と同様に，本章の分析でも，世帯間の人員数を調整するため，既存研究にならい，世帯収入と課税後所得に等価所得の概念を用いる．

$$\text{世帯収入} = \text{世帯内の世帯員の年間給与収入} + \text{年間年金収入} + \text{仕送り金} \tag{12}$$

$$\text{課税後所得} = \text{世帯収入} - \text{各世帯員の個人住民税負担額} \tag{13}$$

$$\text{等価所得} = \text{所得}/\sqrt{\text{世帯員数}} \tag{14}$$

　したがって，本章の分析で用いる世帯収入と課税後所得は各世帯の人員数を調整した収入と所得である．また，第 2 章と同様に本章の分析でもタイル尺度を分類するグループとして，所得階級，年齢階級，収入別グループを用いる．表 3-2 は各グループの世帯数および課税後所得を示したものである．

　本章の分析でも，人口動態や所得の変化などの税制以外の要因による所得再分配効果の変化をコントロールするために，Fixed Income Approach を用いて分析を行う．表 3-3 は各年データを用いた場合と各年のデータに Fixed Income Approach を適用した場合の税制効果を示したものである．

　表 3-3 から分かるように，各年のデータを用いた場合，1999 年から 2004 年に所得再分配効果が大きく低下しているが，Fixed Income Approach を用

---

[3] タイル尺度の算出の時点で，所得割のみの場合と均等割を含めた場合のタイル尺度の差が 0.00001 以下である．そのため，均等割の分析は捨象した．
[4] 本章の分析では，東京 23 区や大阪市などで適用されている非課税限度額を用いたが，非課税限度額の対象となるサンプルが 4 人のみであるため，非課税限度額についても分析から除いた．

表 3-1 分析対象の個人住民税制

年	給与所得控除		公的年金等控除		所得控除		所得割の税率 （道府県＋市町村の 標準税率）	
1988	165万円以下	40%	定額控除	80万円	基礎控除	28万円	60万円以下	5%
	165万円超	30%	（65歳未満	40万円）	配偶者控除	28万円	60万円超	7%
	330万円 〃	20%	定率控除		配偶者特別控除 最高	14万円	130 〃	10%
	600万円 〃	10%	360万円以下	25%	扶養控除	28万円	260 〃	12%
	1,000万円 〃	5%	360万円超	15%	老人扶養親族	29万円	460 〃	14%
	最低控除額	57万円	720万円 〃	5%	うち老親	33万円	950 〃	15%
			最低控除額	120万円	老年者控除	24万円	1,900 〃	16%
			（65歳未満	60万円）	社会保険料控除	支払額		
1994	165万円以下	40%	定額控除	100万円	基礎控除	31万円	160万円以下	5%
	165万円超	30%	（65歳未満	50万円）	配偶者控除	31万円	160万円超	10%
	330万円 〃	20%	定率控除		配偶者特別控除 最高	31万円	550 〃	15%
	600万円 〃	10%	360万円以下	25%	扶養控除	31万円		
	1,000万円 〃	5%	360万円超	15%	特定扶養親族	39万円		
	最低控除額	65万円	720万円 〃	5%	老人扶養親族	36万円		
			最低控除額	140万円	うち老親	43万円		
			（65歳未満	70万円）	老年者控除	48万円		
					社会保険料控除	支払額		
1999	180万円以下	40%	同上		基礎控除	33万円	200万円以下	5%
	180万円超	30%			配偶者控除	33万円	200万円超	10%
	360万円 〃	20%			配偶者特別控除 最高	33万円	700 〃	13%
	660万円 〃	10%			扶養控除	33万円		
	1,000万円 〃	5%			特定扶養親族	43万円		
	最低控除額	65万円			老人扶養親族	38万円		
					うち老親	45万円		
					老年者控除	48万円		
					社会保険料控除	支払額		
2004	同上		同上		基礎控除	33万円	同上	
					配偶者控除	33万円		
					配偶者特別控除 最高	33万円		
					扶養控除	33万円		
					特定扶養親族	45万円		
					老人扶養親族	38万円		
					うち老親	45万円		
					老年者控除	48万円		
					社会保険料控除	支払額		
2015	180万円以下	40%	定額控除	50万円	基礎控除	33万円	一律10%	
	180万円超	30%	定率控除		配偶者控除	33万円		
	360万円 〃	20%	360万円以下	25%	配偶者特別控除 最高	33万円		
	660万円 〃	10%	360万円超	15%	扶養控除	33万円		
	1,000万円 〃	5%	720万円 〃	5%	特定扶養親族	45万円		
	1,500万円 〃	245万円	最低控除額	120万円	老人扶養親族	38万円		
	最低控除額	65万円	（65歳未満	70万円）	うち老親	45万円		
					社会保険料控除	支払額		

備考）　財務省財務総合政策研究所『財政金融統計月報：租税特集』より筆者作成．

表 3-2　各グループの世帯数および課税後所得

		給与収入			年金収入			給与＋年金			所得階級合計
		若年	中年	高齢	若年	中年	高齢	若年	中年	高齢	
世帯数	低所得階級	902	1,152	432	7	91	5,577	152	282	819	9,414
	中所得階級(下)	3,023	2,536	350	0	8	1,958	280	353	907	9,415
	中所得階級(上)	2,805	4,600	226	0	3	302	338	562	578	9,414
	高所得階級	1,691	5,982	284	0	0	26	220	910	302	9,415
	年齢階級合計	8,421	14,270	1,292	7	102	7,863	990	2,107	2,606	37,658

		給与収入			年金収入			給与＋年金			所得階級平均
		若年	中年	高齢	若年	中年	高齢	若年	中年	高齢	
課税後所得(万円)	低所得階級	127.0	118.5	98.2	60.1	77.2	117.1	121.9	125.9	123.6	117.8
	中所得階級(下)	239.3	240.3	231.4	0.0	215.3	211.3	236.8	233.4	225.6	231.8
	中所得階級(上)	342.5	348.7	342.4	0.0	339.6	313.9	338.3	345.0	335.3	344.1
	高所得階級	524.8	571.9	593.3	0.0	0.0	480.1	480.3	548.8	546.2	558.6
	年齢階級平均	319.0	404.4	285.8	60.1	95.7	149.3	307.9	385.0	255.0	313.1

いた場合，税制効果にほとんど変化がない．今後の税制改革を考える場合，現在の人口動態にもっとも近い 2004 年のデータでの影響を分析することが重要であると考えられるため，データを 2004 年のデータに固定し，Fixed Income Approach を用いた分析を行う．なお，2004 年データを用いた場合のみ，2015 年税制の再分配効果の変化率が異なることについては，次節で 1989 年，1994 年，1999 年，2004 年のすべてのデータに 2004 年税制と 2015 年税制を用いる Fixed Income Approach を適用することで，その原因を明らかにする．

表 3-3　各年の個人住民税制による所得再分配効果

		1988年税制	1994年税制	1999年税制	2004年税制	2015年税制
各年データ		0.068	0.062	0.055	0.046	—
		—	(−0.088)	(−0.121)	(−0.169)	—
Fixed Income Approach	1989年	0.068	0.065	0.058	0.057	0.046
		—	(−0.052)	(−0.111)	(−0.013)	(−0.197)
	1994年	0.066	0.062	0.055	0.055	0.048
		—	(−0.054)	(−0.110)	(−0.014)	(−0.127)
	1999年	0.066	0.062	0.055	0.054	0.051
		—	(−0.061)	(−0.111)	(−0.015)	(−0.052)
	2004年	0.057	0.052	0.046	0.046	0.050
		—	(−0.081)	(−0.106)	(−0.020)	(−0.102)

備考）　下段の（　）は変化率である．

3. 分析結果

3.1　各年税制の税率効果と控除効果

　前節の分析手法を用いることで，全世帯に対する各年税制の税率効果と控除効果について表 3-4 の結果を得た．なお表 3-4 のモデル 3 の給与所得控除以下の各種の控除効果の和が各年のモデル 3 の控除効果となる[5]．

　まず，個人住民税の税制効果は正の値をとっていることから，個人住民税は所得再分配効果を持つことが分かる．2006 年までは個人住民税についても，超過累進税率が適用されていたためであると考えられるが，税率が 10% にフラット化された 2007 年以降の税制である 2015 年税制のもとでも，税制による所得再分配効果が認められる．さらに，2004 年データのもとでは，税制効果は 2004 年までは低下した後，2015 年に増加に転じてさえいる．このような税制効果の違いが税率と控除のどのような変化によってもたらされたものであるかを 3 つのモデルの税率効果と控除効果を明らかにすること

---

[5] ただし，小数点第 4 位以下を四捨五入して表記しているため，完全に一致していない場合がある．

表 3-4 各年税制の税率効果と控除効果

			1988 年	1994 年	1999 年	2004 年	2015 年
モデル 1	税制効果		0.057	0.052	0.046	0.046	0.050
	税率効果		0.017	0.015	0.013	0.012	0.000
	控除効果		−1.845	−2.043	−2.124	−2.198	−1.514
	residual		1.885	2.080	2.158	2.231	1.564
モデル 2	税制効果		0.009	0.009	0.008	0.008	0.008
	税率効果		0.440	0.475	0.488	0.501	0.379
	控除効果		−0.431	−0.466	−0.481	−0.494	−0.371
モデル 3	税制効果		0.057	0.052	0.046	0.046	0.050
	税率効果		0.050	0.051	0.040	0.039	0.001
	控除効果		0.007	0.001	0.007	0.006	0.049
		給与所得控除	−0.019	−0.019	−0.015	−0.015	−0.006
		公的年金等控除	0.029	0.026	0.025	0.025	0.049
		社会保険料控除	−0.008	−0.008	−0.006	−0.006	−0.003
		基礎控除	0.000	0.000	0.000	0.000	0.004
		配偶者控除	0.002	0.002	0.002	0.002	0.003
		扶養控除	0.002	0.001	0.001	0.001	0.002
		老年者控除	0.000	0.000	0.000	0.000	0.000

で,確認する.

まず,モデル1では,税率効果が徐々に減少している.表3-1の個人住民税の表からもわかるとおり,1988年税制では,税率の区分が7つあったのに対し,徐々に税率がフラット化されたことが原因である.また,2015年税制のもとでは,税率が完全な比例税率となったのにともない,税率効果がゼロという結果を得た.

一方で,モデル1の控除効果については,第2章の所得税の分析と同様に,控除額の増額によって控除効果が低下し,控除額の減額によって控除効果が増加する傾向にある.それぞれ,1988年から1994年にかけては,配偶者特別控除の増額や特定扶養親族に対する控除の創設,1994年から1999年にかけては,給与所得控除の増額,2004年から2015年にかけては,公的年金等控除の減額,老年者控除の廃止および16歳未満に対する扶養控除の廃止が影響したと考えられる.

次に，モデル2では，モデル1とは異なり，2004年税制までは，税率がフラット化されるにつれて，税率効果が上昇しているものの，2015年税制のもとでは，税率効果が大きく減少する．これは，税率の変更の影響だけでなく，控除額の変化によって，課税対象所得が変動した影響を受けたためである．第2章でも述べたとおり，基本的に控除額の増額は課税対象所得のタイル尺度を増加させる．また，税率のフラット化は，税率の累進性を低下させるため，課税後所得のタイル尺度を増加させる．2004年税制までは，この2つの効果のうち，前者の効果が後者の効果を上回っているためであり，2015年税制では，公的年金等控除の減額，老年者控除や扶養控除の一部廃止などの控除の減額と税率のフラット化が同時に行われたため，税率効果が低下した．

モデル2の控除効果に注目すると，モデル1の控除効果と同様に控除額の増減に応じて，変化している．つまり，控除額の増加とともに控除効果が減少し，控除額の減少とともに，控除効果が増加する．

次にモデル3の税率効果と控除効果について税制改革の影響を見ていきたい．個人住民税の税率は1988年以降，一貫してフラット化が行われてきた．表3-4の税率効果の低下は，この税率のフラット化に大きく影響を受けている．この結果は，モデル1の税率効果の結果と整合的である．また，2015年税制については，完全なフラット化によって，税率効果が所得再分配にほとんど寄与していないという結果を得た．

次に，控除効果の変化に目を向けると，2015年以前は大きな変化がないものの，2015年税制のもとでは，税率効果のほとんどが控除効果によるものであることが分かる．各種の控除効果に分類した結果では，第2章の所得税の場合と同様に，給与所得控除と公的年金等控除が相殺するように影響していることが分かる．これは，個人住民税の場合でも，給与所得控除が相対的に高所得者の多い給与所得者の税負担を軽減し，公的年金等控除が相対的に低所得者の多い年金所得者の税負担を軽減するためである．

給与所得控除の経年的な変化を見ると，給与所得控除は1999年税制と

2015年税制を用いた場合に大きな変化が生じている．1999年税制では，1995年税制の給与所得控除の増額によって，控除効果が低下することが予想されるが，実際は0.004だけ増加している．これは，1995年に同時に行われた税率のフラット化によるところが大きい．つまり，税率がフラット化されたことにより，とくに高所得世帯の給与所得控除の税負担軽減効果が低下し，課税後所得の格差が縮小されたと考えられる．また，2015年税制では，2004年税制と給与所得控除額自体に変更はないため，2015年税制の下での給与所得控除の控除効果の上昇は，比例税率への変更が大きく影響している．

公的年金等控除については，2004年税制まで大きな変化はないものの，2015年税制の下では急激に控除効果が増加する．この結果は，第2章で，2015年税制のもとで給与所得控除の控除効果が低下したのとは対照的である．

第2章でも述べたように，モデル3の控除効果は，純粋な控除の影響ではなく，控除が税率を通して課税対象所得を変化させることによる課税後所得への影響を示したものである．2015年税制では，個人住民税の税率が10%に変更されたが，公的年金等控除が適用される高齢世代には低所得世帯が多く，この税率の変更は高齢世代にとって限界税率が高くなることを意味する．限界税率が高くなるほど，控除による税負担軽減効果が高くなるため，公的年金等控除の金額自体は減額されたものの，控除効果は増加する結果となった．

さらに，モデル3の所得控除は所得再分配効果を持つことが分かる．とくに，2015年税制のもとで所得控除の影響が大きい．このように個人住民税制のもとで控除による税負担軽減効果が大きくなるのは，個人住民税の税率の累進性が低いためである．

例として，2015年税制をあげると，2015年税制のもとでは課税対象所得に対して10%の税率が課される．この場合，33万円の基礎控除があることによって，ほぼすべての納税者の税負担額が3.3万円軽減される．このと

き，税負担額の軽減額自体は低所得者であろうと高所得者であろうと変化はない．しかし，税負担の軽減額が同額であるならば，低所得者の平均税率が，高所得者よりも大きく減少するため，基礎控除は低所得者に対してより大きな恩恵を与えることになる．したがって，税率の累進性が緩やかであるほど，所得控除による所得再分配効果は大きくなる．ただし，税制改革による所得控除額の変更は控除効果にほぼ影響を与えていない．

3.2 所得階級ごとの結果

次にタイル尺度を所得階級ごとに分類した結果から，税制改革が所得階級ごとの税率効果と控除効果にどのような影響を与えたかを明らかにする．表3-5は低所得階級，中所得階級（下），中所得階級（上），高所得階級，所得階級間の税制効果を税率効果と控除効果に分類した結果である．表3-5から税制効果の影響は所得階級によって異なることが分かる．

第2章の所得税の場合と同様に，低所得階級では個人住民税の税制効果が低い．しかしながら，2015年税制では若干ではあるが税制効果が増加している．これは，個人住民税の非課税世帯が存在することに加えて，個人住民税を負担していたとしても，多くの者がもっとも低い限界税率のもとで税を負担しているためである．

中所得階級（下）では，2004年税制までは税制効果が低下するが，2015年税制では，税制効果が急激に上昇する．2015年税制での税制効果は，他の所得階級や所得階級間の税制効果と比較してきわめて高く，2015年税制全体の税制効果が2004年税制より高くなった原因は中所得階級（下）の影響によるところが大きい．また，中所得階級（上）と高所得階級では，税制効果が低下傾向にあり，表3-4や低所得階級および中所得階級（下）の結果とは異なり，2015年税制のもとで税制効果がもっとも低い．さらに，所得階級間の結果については，税制効果の値や税制改革による変化ともに，表3-4の結果とほぼ同様の結果が得られた．

これらの違いが税率と控除にどの程度影響を受けているのかを，モデルご

とに確認したい．まず，モデル1の低所得階級や中所得階級（下）では，税率効果がほぼゼロであることから，税率の改革には影響を受けず，控除の変化に大きく影響を受けていることとなる．とくに，2004年税制までは，控除額が増額され続けたため，それによって控除効果が低下している．

一方で，中所得階級（上）や高所得階級では，税率効果が低下する傾向にある．たびかさなる税率のフラット化によって，税率効果が減少したと考えられる．とくに高所得階級では，2004年税制まで比較的大きな税率効果があったにもかかわらず，2015年税制では税率効果がゼロとなったため，税制効果が大きく落ち込んだと考えられる．また，控除効果については，2004年までは控除額の増額が控除効果の低下に寄与し，2015年税制のもとでは，公的年金等控除の減額，配偶者特別控除の配偶者控除に上乗せされる部分の廃止，16歳未満に対する扶養控除の廃止によって，控除効果が増加した．値の大小はあれど，税制改革による所得階級ごと，所得階級間の税率効果と控除効果の変化はほとんど同じ傾向にある．

次に，モデル2では，表3-4の場合と同様の結果が得られた．つまり，2004年税制までの控除の増額の影響が，同時に行われている税率のフラット化の影響を上回るため，税率がフラット化されているにもかかわらず，税率効果が増加している．また，どの所得階級，所得階級間の結果を見ても，税率効果および控除効果の変化の傾向が同じである．

最後に，モデル3の各所得階級の税率と控除の効果に注目する．

第1に，全体の傾向として，1988年以降，一貫して税率がフラット化されてきた影響で，税率効果は低下傾向にある一方で，控除効果は増加傾向にあることが分かる．したがって，全体的に税制効果が低下傾向にあるのは，税率効果の低下によるところが大きい．

第2に，低所得階級では，ある程度の税率効果が確認できるものの，控除効果が税率効果の影響をほとんど打ち消す働きをしている．控除効果が負の値をとる原因は，低所得階級では所得が低く，控除額が所得額を上回ることで，適用される控除額を使い切れていない世帯が多いためだと考えられる．

表 3-5 所得階級

		低所得階級					
		88年	94年	99年	04年	15年	88年
モデル1	税制効果	0.004	0.003	0.003	0.002	0.012	0.078
	税率効果	0.000	0.000	0.000	0.000	0.000	0.006
	控除効果	−28.871	−32.692	−34.576	−36.201	−25.761	−36.013
	residual	28.875	32.695	34.578	36.204	25.773	36.085
モデル2	税制効果	0.000	0.000	0.000	0.000	0.001	0.001
	税率効果	2.067	2.332	2.463	2.575	1.852	0.376
	控除効果	−2.067	−2.332	−2.462	−2.575	−1.851	−0.375
モデル3	税制効果	0.004	0.003	0.003	0.002	0.012	0.078
	税率効果	0.024	0.014	0.010	0.009	0.003	0.089
	控除効果	−0.020	−0.011	−0.007	−0.007	0.009	−0.011
	給与所得控除	−0.005	−0.004	−0.003	−0.003	0.006	−0.082
	公的年金等控除	0.001	0.007	0.008	0.008	0.023	0.111
	社会保険料控除	−0.005	−0.004	−0.004	−0.003	−0.007	−0.017
	基礎控除	−0.003	−0.002	−0.001	−0.001	−0.005	0.000
	配偶者控除	−0.003	−0.003	−0.003	−0.003	−0.003	−0.006
	扶養控除	−0.005	−0.004	−0.004	−0.004	−0.004	−0.016
	老年者控除	0.000	0.000	0.000	0.000	0.000	−0.001
		高所得階級					
		88年	94年	99年	04年	15年	88年
モデル1	税制効果	0.082	0.084	0.075	0.075	0.048	0.056
	税率効果	0.053	0.054	0.045	0.044	0.000	0.016
	控除効果	−1.006	−1.130	−1.214	−1.282	−0.934	−1.616
	residual	1.035	1.161	1.244	1.312	0.982	1.656
モデル2	税制効果	0.003	0.003	0.002	0.002	0.002	0.008
	税率効果	0.055	0.060	0.062	0.065	0.052	0.341
	控除効果	−0.052	−0.057	−0.060	−0.063	−0.050	−0.333
モデル3	税制効果	0.082	0.084	0.075	0.075	0.048	0.056
	税率効果	0.046	0.056	0.042	0.042	0.001	0.051
	控除効果	0.036	0.029	0.032	0.032	0.047	0.005
	給与所得控除	0.009	0.005	0.006	0.006	0.018	−0.022
	公的年金等控除	0.005	0.004	0.004	0.004	0.007	0.032
	社会保険料控除	−0.001	−0.003	−0.002	−0.002	0.002	−0.009
	基礎控除	0.004	0.003	0.003	0.003	0.007	0.000
	配偶者控除	0.008	0.010	0.010	0.010	0.005	0.002
	扶養控除	0.011	0.010	0.010	0.011	0.007	0.001
	老年者控除	0.000	0.000	0.000	0.000	0.000	0.000

ごとの税制効果

	中所得階級(下)				中所得階級(上)				
94年	99年	04年	15年	88年	94年	99年	04年	15年
0.059	0.053	0.052	0.115	0.099	0.095	0.086	0.083	0.068
0.001	0.000	0.000	0.000	0.030	0.020	0.016	0.014	0.000
−42.692	−44.561	−47.038	−30.381	−10.125	−13.412	−13.874	−14.801	−8.815
42.750	44.615	47.090	30.496	10.194	13.487	13.944	14.870	8.883
0.001	0.001	0.001	0.001	0.001	0.001	0.000	0.000	0.000
0.443	0.462	0.487	0.319	0.064	0.083	0.086	0.091	0.056
−0.442	−0.461	−0.487	−0.318	−0.063	−0.082	−0.085	−0.090	−0.056
0.059	0.053	0.052	0.115	0.099	0.095	0.086	0.083	0.068
0.081	0.082	0.081	−0.004	0.065	0.075	0.055	0.053	0.003
−0.022	−0.028	−0.029	0.119	0.034	0.021	0.031	0.030	0.064
−0.065	−0.064	−0.065	−0.069	−0.024	−0.034	−0.021	−0.020	−0.007
0.090	0.080	0.081	0.172	0.038	0.036	0.033	0.033	0.048
−0.013	−0.013	−0.014	−0.005	−0.008	−0.012	0.007	−0.007	−0.002
0.000	−0.001	−0.002	0.016	0.003	0.001	0.002	0.002	0.009
−0.013	−0.016	−0.017	0.004	0.008	0.010	0.009	0.009	0.008
−0.020	−0.014	−0.012	0.000	0.015	0.016	0.012	0.010	0.008
−0.001	−0.001	−0.001	0.000	0.002	0.003	0.003	0.003	0.000

	所得階級間		
94年	99年	04年	15年
0.050	0.045	0.044	0.052
0.014	0.012	0.011	0.000
−1.779	−1.858	−1.921	−1.219
1.815	1.892	1.954	1.271
0.007	0.006	0.006	0.007
0.365	0.376	0.386	0.278
−0.358	−0.370	−0.380	−0.270
0.050	0.045	0.044	0.052
0.052	0.041	0.040	0.001
−0.002	0.004	0.004	0.051
−0.022	−0.018	−0.018	−0.009
0.029	0.027	0.027	0.054
−0.009	−0.007	−0.007	−0.003
−0.001	0.000	0.000	0.004
0.001	0.002	0.001	0.003
0.000	0.000	0.000	0.001
0.000	0.000	0.000	0.000

第3に，中所得階級（下）では2015年税制のもとで控除効果が上昇することから税制効果の大幅な上昇は控除効果の影響によるものであることが分かる．

第4に，中所得階級（上）や高所得階級では，税制効果に占める控除効果の影響が大きい．個人住民税の税率は所得税の税率と比較してフラットであり，ブラケット間の間隔が広いため，高所得階級では所得税ほど限界税率に差が出ないことがひとつの要因としてあげられる．また，先に述べたように，同じ税率に直面している場合，相対的に低所得なものに対して，控除の税負担軽減効果が大きいため，控除効果が大きいと考えられる．

次にモデル3の各種の控除効果を見てみると，次のことが分かる．

低所得階級では，公的年金等控除を除くほぼ全ての控除が負の所得再分配効果を持つ．しかしながら，控除効果の値自体にそれほど大きな変動はないことから，控除の増額や減額などの税制改革の影響をほとんど受けていない．また，2015年税制では，給与所得控除と公的年金等控除の控除効果が大きく上昇していることから，全体の控除効果の上昇はこれら2つの控除が寄与していると言える．2015年税制では2004年税制と比較して，給与所得控除の金額自体は変化しておらず，公的年金等控除に至っては，減額されているものの，税率が10%となったことで，低所得階級の世帯が直面する限界税率が高くなり，その分だけ控除による税負担軽減効果が高まったと考えられる．

中所得階級（下）では，第2章の所得税の結果と同様，給与所得控除と公的年金等控除の効果が他の所得階級や階級間の結果よりも大きい．また，2004年税制までの所得控除の負の所得再分配効果がもっとも大きいのもこの所得階級である．

中所得階級（上）では，中所得階級（下）で見られるように給与所得控除と公的年金等控除がある程度相殺していることが確認される．ただし，高所得階級と同様に，所得控除については，どの年の税制でも，一定の所得再分配効果が確認される．

3.3 年齢階級ごとの結果

次にタイル尺度を年齢階級ごとに分類し，それぞれの階級の税制効果を示すことで，税制改革がどの世代の世帯にどのような影響を及ぼしたかを明らかにする．表 3-6 は税制効果，税率効果ならびに各種の控除効果を年齢階級ごとに示したものである．

まずは，各年齢階級の税制効果の変化に注目したい．若年世代と中年世代では，2015 年税制まで，継続して税制効果が低下しているのに対して，高齢世代と年齢階級間の税制効果は 2015 年に上昇に転じている．また，どの年の税制，年齢階級においてもある程度の所得再分配効果が確認され，年齢階級間の効果も比較的大きいことから，年齢階級内，年齢階級間の税制効果がともに個人住民税の所得再分配効果に寄与していると言える．

次に，モデルごとに年齢階級ごとの結果を税率効果と控除効果に分類した結果を示す．

モデル 1 では，相対的に高所得世帯が多い中年世代が税率効果に大きな影響を受けていることが分かる．ただし，税率効果および控除効果の経年的な変化の方向に違いはないことから，どの所得階級でも分析対象とする年の税制改革の影響は同じであることが分かる．つまり，2004 年までの控除額の増額は控除効果の減少に寄与し，税率のフラット化は税率効果の減少に寄与している．これらの 2 つの効果が合わさって，若年世代や中年世代では，税制による所得再分配効果が徐々に低下していると考えられる．ただし，高齢世代や年齢階級間の結果では，税制効果がむしろ増加しており，こちらは，2015 年税制のもとでの扶養控除や配偶者特別控除の一部の減額によって，控除効果が増加したことがひとつの原因と見られる．

モデル 2 に関しても，所得階級の場合と同じ変化が見られる．つまり，2004 年税制までは税率効果が増加し，2015 年税制のもとで税率効果が減少する．一方で，控除効果は 2004 年税制までは減少し，2015 年税制のもとで増加する．また，これらの変化は年齢階級内，年齢階級間でほぼ共通していることから，モデル 1 の結果と同様に，税制改革による年齢階級への影響に

表 3-6　年齢階級

		若年世代					中年世代		
		88年	94年	99年	04年	15年	88年	94年	99年
モデル1	税制効果	0.054	0.051	0.045	0.044	0.037	0.060	0.057	0.052
	税率効果	0.024	0.021	0.016	0.015	0.000	0.028	0.026	0.022
	控除効果	−1.568	−1.780	−1.950	−2.073	−0.837	−1.044	−1.199	−1.305
	residual	1.598	1.810	1.979	2.102	0.874	1.076	1.230	1.334
モデル2	税制効果	0.005	0.005	0.004	0.004	0.003	0.007	0.006	0.006
	税率効果	0.212	0.233	0.249	0.261	0.135	0.196	0.216	0.229
	控除効果	−0.207	−0.228	−0.245	−0.257	−0.132	−0.190	−0.210	−0.223
モデル3	税制効果	0.054	0.051	0.045	0.044	0.037	0.060	0.057	0.052
	税率効果	0.034	0.035	0.028	0.028	0.001	0.041	0.046	0.035
	控除効果	0.020	0.016	0.017	0.017	0.036	0.019	0.011	0.017
	給与所得控除	0.000	−0.002	0.001	0.000	0.013	0.003	−0.002	0.001
	公的年金等控除	0.002	0.001	0.002	0.002	0.004	0.002	0.002	0.002
	社会保険料控除	−0.004	−0.004	−0.004	−0.004	0.000	−0.004	−0.006	−0.003
	基礎控除	0.003	0.002	0.002	0.002	0.007	0.003	0.002	0.003
	配偶者控除	0.009	0.010	0.009	0.009	0.008	0.006	0.006	0.006
	扶養控除	0.011	0.009	0.008	0.007	0.004	0.010	0.008	0.008
	老年者控除	0.000	0.000	0.000	0.000	0.000	0.000	0.000	0.000

それほど大きな違いはないということが言える．

　最後に，モデル3の結果について詳しく見ていく．まず，税率効果はモデル1の税率効果と同様に低下傾向にあるが，経年的な低下はすべての年齢階級および年齢階級間で共通している．このような税率効果の低下は税率のフラット化によってもたらされたものである．また，若年世代や中年世代のような勤労世代は，控除効果が常に正の値をとる一方で，高齢世代や年齢階級間の結果では，2004年税制までは控除効果が負の値をとるが，2015年税制では急激に上昇し，正の値をとることが示された．

　若年世代や中年世代で2015年税制の税制効果が低下しているのは，税率のフラット化による税率効果の低下が，控除効果の上昇を上回ったためであり，高齢世代で税制効果が上昇したのは，税率のフラット化によって，直面する限界税率が高くなったことで，控除による税負担軽減効果が高まり，控除効果の上昇が税率効果の低下を上回ったためであることが分かる．

　以下ではそれぞれの控除効果の違いについて考察を行う．

ごとの税制効果

		高齢世代					年齢階級間				
04年	15年	88年	94年	99年	04年	15年	88年	94年	99年	04年	15年
0.051	0.044	0.048	0.042	0.037	0.036	0.056	0.065	0.058	0.051	0.049	0.068
0.021	0.000	0.011	0.009	0.007	0.007	0.000	0.010	0.006	0.005	0.005	0.000
−1.386	−0.865	−8.064	−9.284	−9.358	−9.593	−6.891	−2.302	−2.568	−2.557	−2.592	−1.957
1.416	0.908	8.100	9.317	9.388	9.622	6.947	2.357	2.620	2.603	2.637	2.024
0.006	0.005	0.009	0.008	0.007	0.007	0.010	0.003	0.003	0.002	0.002	0.003
0.239	0.172	1.642	1.865	1.877	1.920	1.428	0.148	0.161	0.160	0.161	0.131
−0.233	−0.167	−1.633	−1.857	−1.871	−1.914	−1.417	−0.145	−0.158	−0.157	−0.159	−0.127
0.051	0.044	0.048	0.042	0.037	0.036	0.056	0.065	0.058	0.051	0.049	0.068
0.034	0.003	0.061	0.057	0.046	0.045	0.001	0.067	0.066	0.053	0.052	−0.001
0.017	0.041	−0.013	−0.016	−0.009	−0.010	0.055	−0.002	−0.008	−0.001	−0.002	0.069
0.001	0.015	−0.032	−0.029	−0.026	−0.027	−0.023	−0.052	−0.049	−0.041	−0.041	−0.038
0.002	0.004	0.042	0.036	0.037	0.037	0.089	0.077	0.069	0.064	0.064	0.113
−0.003	0.000	−0.011	−0.010	−0.009	−0.009	−0.006	−0.013	−0.013	−0.010	−0.010	−0.005
0.003	0.007	−0.004	−0.004	−0.003	−0.003	−0.001	−0.002	−0.003	−0.002	−0.002	0.004
0.006	0.005	−0.003	−0.005	−0.004	−0.004	−0.002	−0.002	−0.003	−0.003	−0.003	0.002
0.008	0.009	−0.003	−0.002	−0.002	−0.002	−0.002	−0.012	−0.012	−0.011	−0.012	−0.007
0.000	0.000	−0.002	−0.002	−0.002	−0.002	0.000	0.002	0.002	0.002	0.002	0.000

　若年世代と中年世代の控除効果は大きいが，2015年税制を除いてそれほど大きな変化はないため，それまでの税制改革による控除額の増額による影響はほとんどないことが分かる．またこれらの世代については，2015年税制のもとで，控除効果が上昇した要因として，給与所得控除の効果の上昇が挙げられる．

　給与所得控除は収入が増加するほど控除額も増加する制度であるが，先に述べた通り，税率がフラットであれば，控除によって生じる税負担軽減効果は，低所得者ほど大きいため，給与所得控除額自体は変わっていないものの，2015年税制のもとで，給与所得控除の控除効果が大きく増加した．

　一方で，高齢世代の控除効果に関しても，2015年税制までの税制改革による大きな変化はない．しかし，2015年税制のもとでは公的年金等控除による効果が大幅に増加していることが分かる．2004年税制から2015年税制への税率のフラット化は，課税対象所得が約1,033万円以下の者に対して，つまり日本の給与所得者の大多数の者に対して，増税となった．とくに，高

齢世代では，低所得世帯が多く，公的年金等控除によって課税対象所得がゼロになる世帯が多いため，公的年金等控除の金額自体は2004年よりも引き下げられているにもかかわらず，2015年税制の公的年金等控除効果が大幅に上昇するという結果となった．また，年齢階級間の結果についても，高齢世代と同様のことが言える．

3.4 収入グループ別の結果

次に，分析対象世帯を収入グループ別に分類することで，税制が収入グループ内で果たす役割について，とくに所得再分配効果に大きな影響を与えている給与所得控除と公的年金等控除の役割について分析を行う．表3-7は給与収入のみを得ている世帯，年金収入のみを得ている世帯，給与収入と年金収入の双方を得ている世帯の3つのグループ内および収入グループ間の税制効果を示したものである．表3-7からは，これまでの考察をより強固にする結果が得られた．

表3-7の税制効果に注目すると，給与収入世帯の変化は表3-6の若年世代や中年世代の結果と，収入グループ間の税制効果については，表3-6の年齢階級間の結果と同様の傾向にある．年金収入世帯については，低所得世帯が多いこともあり，他の階級と比較して税制効果が低いが，2015年税制のもとで再分配効果が急激に上昇している．

各年の税制を通して，高所得世帯が多い給与収入世帯と収入グループ間の所得再分配効果が大きいが，2015年税制では，給与収入世帯の税制効果が低下し，それ以外の階級の税制効果が上昇しているため，相対的に給与収入世帯の影響が小さくなったと考えられる．

次に，モデルごとの税率効果と控除効果に注目し，それぞれの変化を明らかにしたい．

第1に，モデル1の税率効果と控除効果では，給与収入世帯は，表3-6の若年世代や中年世代と同様の結果が得られ，年金収入世帯では，高齢世代とほぼ同様の結果が得られた．ここでも，給与収入世帯は，税率効果が税率の

フラット化とともに低下し，それによって，税制効果が徐々に低下していることが確認される．それに対して，年金収入世帯については，税制改革による税率のフラット化の影響はほとんどなく，2015年税制のもとで，控除額が減額されたことによる控除効果の増加によって税制効果が大きく増加した．

　第2に，モデル2の結果を見ると，こちらも税率効果と控除効果は年齢階級の場合とほぼ同様の結果を得た．給与収入世帯では，2004年税制まで税率効果が増加するものの，2015年税制では税率効果が低下している．これについては，上述のとおり，2004年までは控除額が増額されたことで課税対象所得の格差が拡大したことが，税率効果の増加と控除効果の低下に大きく寄与したためである．

　とくに1994年税制から1999年税制にかけて大きな変化が見られるが，この間に行われた給与所得控除の増額の影響のためであると考えられる．2015年税制のもとで給与収入世帯の税制効果が低下した要因は，比例税率が適用されたことによる税率効果の低下である．

　年金収入世帯については，給与収入世帯と異なり，1999年税制のもとで，控除効果が微増し，税率効果が減少している．1994年税制から1999年税制にかけての大きな変更点は，1995年の給与所得控除の増額であるので，年金収入世帯に対してほとんど影響がない．したがって，年金収入世帯の課税対象所得はほぼ変化せず，控除効果が低下しなかった．

　また，この間の課税対象所得のタイル尺度はほとんど変化していないため，税率効果は税率のブラケットに大きく依存することになる．1994年税制から1999年税制にかけては，税率のブラケットがフラット化されたため，この変更によって，税率効果が低下した．

　最後に，モデル3の税率効果と控除効果について触れる．

　まず，給与収入世帯の結果に関しては，表3-6の中年世代の結果と同様に，税率効果と控除効果がともに所得再分配効果を持つ．また，各年の税率効果と比較して，控除効果の影響は小さいものではなく，とくに2015年税制の

表 3-7 収入グループ別の税制

		給与収入世帯				
		88年	94年	99年	04年	15年
モデル1	税制効果	0.061	0.058	0.052	0.051	0.040
	税率効果	0.030	0.027	0.023	0.022	0.000
	控除効果	−1.025	−1.185	−1.300	−1.381	−0.666
	residual	1.056	1.215	1.329	1.410	0.706
モデル2	税制効果	0.007	0.007	0.006	0.006	0.005
	税率効果	0.202	0.223	0.238	0.248	0.150
	控除効果	−0.195	−0.216	−0.232	−0.242	−0.145
モデル3	税制効果	0.061	0.058	0.052	0.051	0.040
	税率効果	0.039	0.045	0.034	0.033	0.001
	控除効果	0.021	0.013	0.018	0.018	0.039
	給与所得控除	0.005	0.000	0.004	0.003	0.018
	公的年金等控除	0.000	0.000	0.000	0.000	0.000
	社会保険料控除	−0.004	−0.005	−0.003	−0.003	0.000
	基礎控除	0.004	0.003	0.003	0.003	0.008
	配偶者控除	0.007	0.008	0.008	0.008	0.007
	扶養控除	0.009	0.008	0.007	0.007	0.005
	老年者控除	0.000	0.000	0.000	0.000	0.000
		給与＋年金収入世帯				
		88年	94年	99年	04年	15年
モデル1	税制効果	0.049	0.044	0.039	0.038	0.053
	税率効果	0.015	0.012	0.010	0.009	0.000
	控除効果	−3.230	−3.628	−3.725	−3.874	−3.007
	residual	3.265	3.660	3.755	3.903	3.060
モデル2	税制効果	0.007	0.006	0.006	0.005	0.007
	税率効果	0.578	0.636	0.649	0.671	0.547
	控除効果	−0.571	−0.630	−0.644	−0.666	−0.539
モデル3	税制効果	0.049	0.044	0.039	0.038	0.053
	税率効果	0.052	0.051	0.042	0.041	0.004
	控除効果	−0.003	−0.007	−0.002	−0.003	0.049
	給与所得控除	−0.015	−0.015	−0.012	−0.012	0.003
	公的年金等控除	0.022	0.019	0.019	0.019	0.041
	社会保険料控除	−0.008	−0.008	−0.007	−0.007	−0.003
	基礎控除	0.000	−0.001	0.000	0.000	0.004
	配偶者控除	0.001	0.001	0.001	0.001	0.003
	扶養控除	−0.002	−0.003	−0.003	−0.003	0.001
	老年者控除	0.000	−0.001	−0.001	−0.001	0.000

効果

年金収入世帯				
88年	94年	99年	04年	15年
0.012	0.007	0.007	0.006	0.035
0.002	0.001	0.001	0.001	0.000
−22.306	−28.036	−27.881	−28.858	−18.202
22.316	28.041	27.887	28.863	18.236
0.001	0.001	0.001	0.001	0.003
2.340	2.917	2.901	2.999	1.929
−2.339	−2.916	−2.900	−2.999	−1.926
0.012	0.007	0.007	0.006	0.035
0.037	0.029	0.021	0.019	−0.002
−0.026	−0.023	−0.014	−0.013	0.036
0.000	0.000	0.000	0.000	0.000
0.001	0.001	0.009	0.009	0.065
−0.009	−0.007	−0.006	−0.006	−0.009
−0.007	−0.006	−0.006	−0.006	−0.011
−0.004	−0.004	−0.004	−0.004	−0.006
−0.001	−0.001	−0.001	−0.001	−0.002
−0.005	−0.006	−0.006	−0.006	0.000

収入グループ間				
88年	94年	99年	04年	15年
0.062	0.055	0.048	0.047	0.071
0.007	0.004	0.003	0.003	0.000
−2.859	−3.193	−3.171	−3.215	−2.476
2.914	3.244	3.216	3.259	2.548
0.003	0.003	0.002	0.002	0.003
0.178	0.194	0.193	0.195	0.159
−0.175	−0.192	−0.191	−0.193	−0.156
0.062	0.055	0.048	0.047	0.071
0.069	0.066	0.055	0.054	0.001
−0.008	−0.011	−0.006	−0.007	0.070
−0.067	−0.060	−0.053	−0.054	−0.056
0.091	0.080	0.075	0.076	0.136
−0.014	−0.013	−0.011	−0.011	−0.006
−0.004	−0.004	−0.003	−0.004	0.002
−0.005	−0.007	−0.006	−0.006	−0.001
−0.010	−0.009	−0.009	−0.009	−0.004
0.002	0.002	0.002	0.002	0.000

もとでは，比例税率が採用されているため，税制効果のほとんどが控除効果によるものである．

年金収入世帯は総じて収入が低く，個人住民税の累進性がそれほど働かないため，税率効果が給与収入世帯よりも低い．また，控除効果についても給与収入世帯とは対照的に負の値を取る．とくに個人住民税のブラケットがもっとも細かい1988年税制のもとで控除効果が低くなっている．

給与収入＋年金収入世帯と収入グループ間では，税制改革による変化の傾向が同じである．給与収入＋年金収入世帯よりも収入グループ間の控除効果のほうが負の所得再分配効果が大きいが，収入グループ間では税率効果がより大きいため，税制効果は収入グループ間の方が大きい．

モデル3では，すべての収入グループ内，グループ間の効果として，税率効果が経年的に低下しているという共通点があ

る．この傾向はモデル1の税率効果でも見られたが，税率のフラット化の影響がもっとも大きいと考えられる．

次に，主とする収入グループ別に各種の控除効果の影響を見ることで，控除効果の変化の原因を明らかにする．

第1に，表3-6の若年世代や中年世代と同様に給与収入世帯は，ほぼすべての控除が所得再分配効果を持つ．とくに所得控除による影響が大きく，配偶者控除や扶養控除は0.005〜0.009の値を取る．ただし，所得控除については，大きな値の変動が見られないことから，税制改革による影響は微小である．給与収入世帯に限定した場合にも，2015年税制のもとで，給与所得控除の控除効果が増加していることが確認されるため，完全にフラットな税率のもとでは，給与所得控除は所得再分配効果を持つことが示された．

第2に，年金収入世帯では，公的年金等控除が所得再分配効果を持つものの，2015年税制を除いて，公的年金等控除の控除効果自体は小さい．これは，公的年金等控除によって，年金収入世帯内の高所得世帯において，税率の高いブラケットの税負担が軽くなる効果と低所得世帯で課税対象所得がゼロになる世帯の効果がそれぞれの効果を相殺したためであると考えられる．

公的年金等控除の控除効果の経年的な変化を見ると，1990年に公的年金等控除の増額が行われた後の税制である1994年税制の効果は，1988年税制の効果とほとんど変化がない．これは，控除額の増額だけでなく，1991年に税率がフラット化されたためである．つまり，控除額の増額は相対的に高所得世帯の税負担を大きく軽減するが，税率がフラット化したことによって，高所得世帯の税負担軽減効果が弱まり，前者の効果と後者の効果が相殺することで，公的年金等控除の控除効果に変化がなかったと考えられる．

また，2015年税制のもとで，公的年金等控除の控除効果が増加するのは比例税率となったことにより，限界税率が高まった低所得世帯に対して，税負担軽減効果がより働くためである．

次に，年金収入世帯の所得控除の影響を見ると，各種の控除効果は軒並み負の値である．年金収入世帯でも，特定の控除が際立った負の所得再分配効

果を持つわけではなく，全体的に同程度の負の所得再分配効果を持っている．年金収入世帯では，所得が低く，公的年金等控除のみで課税対象所得がゼロとなる世帯が多いため，所得控除による税負担軽減効果は所得の高い世帯に対して大きく働くためである．ただし，所得控除に関しては，たびたび変更が行われているものの税制改革の影響はきわめて限定的であることが確認できる．

第3に，給与＋年金収入世帯では，表3-4の全体の結果と同様に，給与所得控除の負の効果と公的年金等控除の正の効果が相殺するように影響している．また，所得控除の控除効果も全体で見れば，負の値である．ただし，ここでも，税制改革による控除効果の変化はほとんどない．

第4に，収入グループ間の各種の控除効果は公的年金等控除と老年者控除を除いたほぼすべての控除で負の値をとっていることから，各種の控除は収入グループ間，とくに給与収入世帯と年金収入世帯間に対して影響が大きいと考えられる．2015年税制のもとでは，基礎控除が所得再分配効果をもっていることから，完全にフラットな税率のもとでは，定額の控除は所得再分配効果を持つことが示唆される．

4．まとめ

最後に，本章での分析結果をまとめ，政策的インプリケーションを示すことで結びとする．本章では，Fixed Income Approachを用いて，既存研究ではほとんど触れられてこなかった個人住民税の所得再分配効果について，税率による効果と控除による効果，さらに控除効果を各種の控除効果に分類し，それぞれの所得再分配効果への影響を明らかにした．主な分析結果は以下のとおりである．

①個人住民税による所得再分配効果は所得税と同様に低下傾向にある．低下の最大の要因は税率のフラット化であると考えられる．実際に，モデル1およびモデル3の結果から，税率のフラット化とともに税率効果が低下して

いることが分かる．また，完全にフラットな税率を採用している2015年税制においても，所得再分配効果があることが確認された．

②モデル1やモデル2の控除効果の結果は，第2章の所得税の分析と整合的な結果が得られた．つまり，税制改革による控除額の増額によって，控除効果は低下し，控除額の減額によって，控除効果が増加する傾向にある．

③モデル3の税率効果と控除効果では，2004年までは超過累進税率が適用されていたこともあり，税率による影響が大きい．しかし，2015年税制のもとでは，税率がフラットであるため，税率効果はほぼゼロであり，控除効果が所得再分配に寄与することとなる．

各種の控除効果については，所得税と同様に給与所得控除と公的年金等控除の影響が大きく，給与所得控除の負の所得再分配効果と公的年金等控除の所得再分配効果が相殺するように影響している．また，モデル1，モデル2とは異なり，所得控除がある程度の所得再分配効果を持つことが示された．これは，モデル3の控除効果は，控除が税率を通じて，税負担を軽減する効果であり，モデル1やモデル2のように課税対象所得をベースにしていないためである．

税負担軽減効果を考えた場合，同じ控除額が適用されるなら，フラットな税率であるほど，低所得世帯の税負担率を相対的に大きく減少させる．したがって，モデル3では，第2章の所得税の分析結果と異なり，所得控除が所得再分配効果を持つという結果となった．ただし，1988年以降，控除に関する税制改革が行われてきたが，それらの影響は微々たるものであることが示された．

次に，分析対象を所得階級，年齢階級，収入グループ別に分類し，税制改革がそれぞれのグループ内，グループ間に与える影響を明らかにした．主な結果は以下のとおりである．

①モデル1では，低所得階級や中所得階級（下）において，税率効果がほとんどないものの，高所得階級では，とくに2015年税制のもとで，税率効果が大きく落ち込んでいることから，税制効果の低下は，税率のフラット化

②モデル2では，所得階級内，年齢階級内，収入グループ内のほぼすべての階級内で，税制改革の影響が同じであることを示した．すなわち，税制改革による控除額の増加は，控除効果を減少させ，税率効果を増加させる．したがって，控除額が増加されてきた2004年税制までは，控除効果の低下と税率効果の増加が見られる．ただし，基本的に前者の効果が後者の効果を上回ることで，税制による所得再分配効果は低下することとなった．

③モデル3では，中所得階級（上）や高所得階級のように，ある程度所得が高い階級で，ほぼすべての控除が所得再分配効果を持つ．とくに配偶者控除や扶養控除等の人的控除の影響が大きい．また，2004年税制から2015年税制に変化した場合，中所得階級（上）や高所得階級では，税制効果は低下するが，低所得階級，中所得階級（下）および所得階級間では，税制効果が上昇している．全体の税制効果が上昇したのは，後者の影響が相対的に強いためであると考えられる．

また，中所得階級（下）を除く，所得階級内，所得階級間において，2015年税制のもとで，給与所得控除と公的年金等控除の控除効果が増加しているのは，2007年に行われた税率のフラット化によるところが大きい．

④モデル1の年齢階級別の結果では，効果の値に大小はあれど，すべての年齢階級で，税制改革によって生じる税率効果と控除効果の変化の方向は同じであった．ただし，2015年税制のもとでは，高齢世代や年齢階級間の税制効果がむしろ増加しており，こちらは，2015年税制のもとでの，扶養控除や配偶者特別控除の一部が減額された影響によって，控除効果が増加したことが一つの原因と見られる．

⑤モデル3では，2015年以前の税制では，若年世代や中年世代の所得再分配効果が大きいが，2015年税制のもとでは，高齢世代や年齢階級間の所得再分配効果が急激に上昇する．また，若年世代や中年世代のような比較的高所得世帯が多い階級では，控除による所得再分配効果が大きい．

⑥収入グループ別の結果に関しても，各モデルで共通して，所得階級や年

齢階級の結果の頑健性を示す結果が得られた．

　以上のように，個人住民税の税制効果は長期的には低下傾向にあるが，高齢者の割合が増加している現在の日本のような状況のもとでは，税率のフラット化はむしろ税制の所得再分配効果を高めるという結果となった．

　本章では，個人住民税の税制改革が所得再分配効果に与えた影響を明らかにしたが，以下の課題が残る．

　第1に，本章では，Fixed Income Approach を用いて分析を行ったが，表3で示したように，用いるデータの違いによって，2015年税制の税制効果の結果に違いが生じている．これは，Fixed Income Approach は，用いるデータの年に対して感応的であることを示している．したがって，今後は税制以外の要因を排除する方法として，Dardanoni and Lambert（2002）や Lambert and Thorensen（2009）などで用いられている Transparent and Compare Procedure を用いて分析を行うことが考えられる．

　第2に，「平成18年度税制改正の大綱」で「個人所得課税体系における所得税と個人住民税の役割分担を明確化すべきである」と述べられているとおり，所得税と個人住民税は求められている役割が異なるということである．本章の分析結果から，税制の所得再分配効果が低下した要因は，控除額の増額と税率のフラット化の双方が同時に行われたためであることを示した．したがって，個人住民税の所得再分配効果を高めるには，所得税と同様に控除の減額が求められる．

　しかし，本来，本章の分析で扱った税制の所得再分配効果は所得税に求められるものであり，応益性や偏在度縮小が求められる個人住民税の役割とは異なる．今後は，住民税の応益性を考慮に入れた分析を行うことで，あらためて所得税と個人住民税の役割を明らかにし，個人住民税制の所得再分配効果を議論する必要がある．

　第3に，本章でも，第2章と同様に税制による課税前所得と課税後所得の格差の変化のみに焦点を当てて分析を行っており，社会的要因ならびに経済的要因が所得格差をどのように変化させたかといった点には触れていない．

これらの要因を含んだ研究は，今後の課題としたい．

第4章
所得課税の経済厚生分析

1. 日本の税制に関する経済厚生分析とマイクロシミュレーション

　過去の税制改革により，個人所得課税の制度も大きく変化してきた．個人所得課税の制度変更は家計の税負担を変化させるだけではなく，家計の労働供給や消費行動にも影響を及ぼしうる．そのため，税制改革の評価を行う場合は，家計の行動の変化およびそれにともなう経済厚生の変化も考慮に入れる必要がある．

　これまで，日本の所得課税と経済厚生に関する研究は数多く蓄積されている（例えば，本間他 (1987)，金子・田近 (1989)，上村 (2001) など）．しかしながら，これらの既存研究は集計データを用いているため，異質でさまざまな家計に対して税制改革がどのような影響を与えているかを明らかにすることはできていない．

　1990年代以降，コンピューターの高性能化やデータの整備が進んだことで，欧米を中心にマイクロデータを用いた税・社会保障制度改革の分析が盛んに行われている．マイクロデータを用いる最大の利点は，実在する異質でさまざまな家計を想定し，制度改革の影響を分析することができる点にある．集計データを用いた研究はモデル世帯を対象に分析を行うが，この手法では，モデル世帯への影響しか把握できないという点で，一定の限界がある．そこで，マイクロデータを分析に使用することにより，各家計の収入，収入

の種類，世帯類型などの世帯属性を考慮に入れた上で，制度改革の影響を把握することができ，世帯属性ごとの相対的な比較を行うことも可能となる．

マイクロデータを用いた研究成果をまとめたものとして，Gupta and Kapur (2000)，Mitton, Sutherland and Weeks (2000)，Zaidi, Harding and Williamson (2009) などがある．Paulus and Peichl (2009) は，EUの税・社会保障制度を分析対象とするマイクロシミュレーションモデル（EUROMOD）を用い，フラットタックスを導入した場合のジニ係数，税負担額の増減，限界実効税率の変化を各国間で比較している．

近年では，制度改革後の家計行動の変化を考慮に入れた behavior モデルを用いた研究が数多くなされている．例えば，Labeaga, Oliver and Spadaro (2008)，Immervoll et al. (2011) などが挙げられる．

日本においても，マイクロデータを用いた研究が蓄積されつつある．個人所得課税の税制を対象としている既存研究としては，田近・古谷 (2005)，田近・八塩 (2006, 2008)，白石 (2010) などが挙げられる．

例えば，田近・八塩 (2008) では，給付つき税額控除の還付を社会保険料負担の軽減で行う制度を導入すると，勤労世帯への所得の再分配が行われるという結果を得ている．さらに，若年の低所得者に対して還付を手厚くする制度を導入すると，低所得者の税負担額は減少するものの，税負担が高所得者に偏りすぎるという問題点を指摘している．

日本のマイクロシミュレーションに関する既存研究では，公平性の観点から，税制改革による家計の税負担額，社会保険料，税収の変化を明らかにしてはいるが，税制改革前後で家計の労働供給や消費行動は変化しないという仮定を置いており，効用関数を用いて経済厚生を推計するような分析は行われていない．しかし，実際には，税制改革は個々の家計の労働供給や消費行動に影響を与え，各家計の効用や経済厚生を変化させる可能性がある．

そこで本章では，マイクロデータを用い，個々の家計の労働供給や現在，将来における消費行動の変化を考慮に入れた上で，税制改革前後の厚生を計測することで，過去の税制改革を評価する．さらに，税率や控除額を限界的

に変化させた仮想的な税制を適用することで,現行の税制からどのような改革を行うことで厚生が改善されるのかを検討する.

本章の構成は以下の通りである.第2節では本章で用いるモデルの説明を行い,第3節では本章で用いる全消,基礎調査匿名データの説明とデータの処理方法およびパラメータの設定方法を示す.第4節においては,モデルに1988年,1994年,2004年,2015年の税制および仮想的な税制を適用し,シミュレーションを行うことで,効率性の観点から税制改革を評価する.最後に,本章で得られた結果をまとめ,今後の課題について述べる.

2. モデル

本節では,本章で用いるモデルについて説明する.本章のモデルは上村(2001)をもとに作成しているが,マイクロデータの多様性を活用するため,上村(2001)では検討されていない年金収入および社会保険料をモデルに加えている.

経済には,現在と将来の2期間生存する家計(m=1, ⋯, M)が存在しているとする.家計の効用関数は以下のようなCES型を仮定する.

$$U = [(1-\beta)H^{-\mu} + \beta(\overline{L} - L_H)^{-\mu}]^{-1/\mu} \quad (1)$$

$$H = [\alpha C_P^{-\eta} + (1-\alpha) C_F^{-\eta}]^{-1/\eta} \quad (2)$$

$$C_P = \prod_{i=1}^{3} X_{P_i}^{\lambda_i} \quad (3)$$

$$C_F = \prod_{i=1}^{3} X_{F_i}^{\lambda_i} \quad (4)$$

(1)式は家計の効用関数Uが時間の初期保有量$\overline{L}$から労働供給L_Hを差し引いた余暇と合成消費Hに依存していることを示す.(2)式は現在消費C_Pと将来消費C_Fからなる合成消費に関する効用関数Hである.C_Pは現在の3個($i=1,2,3$)の個別消費財需要X_{P_i}から構成される現在消費である.

C_F は将来の 3 個 ($i=1,2,3$) の個別消費財需要 X_{F_i} から構成される将来消費である.

(1) 式の β と (2) 式の α はウェイトパラメータ, $\varepsilon=1/(1+\mu)$ は合成消費 H と余暇 ($\overline{L}-L_H$) の代替の弾力性, $\sigma=1/(1+\eta)$ は現在消費 C_P と将来消費 C_F の代替の弾力性である. (3) 式と (4) 式の λ_i は消費に占める第 i 消費財のウェイトパラメータである. なお, 各家計の添字 m は省略している.

Labeaga, Oliver and Spadaro (2008) などの既存研究は, 可処分所得の全額を消費に使うという仮定を置いているため, 税制改革後の消費の内訳の変化が不透明であるだけでなく, 家計の貯蓄行動を考慮に入れていない. 本章のモデルでは, 消費を 3 つの個別消費財に分類し, さらに可処分所得を現在消費と将来消費に分けることで, シミュレーション内で家計の労働供給だけでなく, 各消費財への消費額および貯蓄額が内生的に変化することを考慮に入れたうえで, 税制改革を評価することができる.

また, ウェイトパラメータ β と α については各家計によって異なる値が与えられ, それによって家計の異質性を考慮に入れることができる. 家計の予算制約は次のように与えられる.

$$p_H H = (1-\tau_y-\tau_s)(wL_H+B)+\tau_y G-Z+Q+\{1+(1-\tau_r)r\}A \quad (5)$$

ここで p_H は消費に関する効用関数 H の合成価格であり, w は賃金率である. また, B は年金収入, τ_y は所得税および個人住民税の限界実効税率, G は実効課税最低限を示し, τ_s は社会保険料率, Z は定額社会保険料, Q は給与収入および年金収入以外の収入である[1)2)]. A は家計が保有する金融資産, τ_r は利子所得税率, r は利子率を表している. ここでの金融資産 A は各家計が労働等によって稼得し, 調査年時点で保有している貯蓄であり, ス

---

1) wL_H, B, τ_y, G を用いると税負担額 T は $T=\tau_y(wL_H+B-G)=\tau_y wL_H+\tau_y B-\tau_y G$ と表される. 同様に wL_H, B, τ_s, Z を用いると, 社会保険料額は $\tau_s wL_H+\tau_s B+Z$ と表される.

トックの資産である．rA は税引き前金融資産の利子収入である．

(1) 式と (5) 式に関する効用関数最大化問題を解けば，

$$L_H = \frac{p_H^{(1-\varepsilon)}k\overline{L}\{(1-\tau_y-\tau_s)w\}^\varepsilon - [(1-\tau_y-\tau_s)B + \tau_y G - Z + Q + \{1+(1-\tau_r)r\}A]}{(1-\tau_y-\tau_s)w + p_H^{(1-\varepsilon)}k\{(1-\tau_y-\tau_s)w\}^\varepsilon} \tag{6}$$

$$\text{ただし } k = \left(\frac{1-\beta}{\beta}\right)^\varepsilon \tag{7}$$

で示される労働供給関数を得る．次に効用関数 H に関する予算制約式は

$$p_P C_P + p_F C_F = [(1-\tau_y-\tau_s)(wL_H + B) + \tau_y G - Z + Q + \{1+(1-\tau_r)r\}A] \tag{8}$$

で与えられる．ここで，p_P は現在消費に関する効用関数 C_P の合成価格，p_F は将来消費に関する効用関数 C_F の合成価格を示している．(2) 式と (8) 式に関する効用最大化問題により，現在消費 C_P と将来消費 C_F の需要関数を得る．

$$C_P = \frac{\alpha^\sigma[(1-\tau_y-\tau_s)(wL_H + B) + \tau_y G - Z + Q + \{1+(1-\tau_r)r\}A]}{p_P^\sigma\{p_P^{(1-\sigma)}\alpha^\sigma + p_F^{(1-\sigma)}(1-\alpha)^\sigma\}} \tag{9}$$

$$C_F = \frac{(1-\alpha)^\sigma[(1-\tau_y-\tau_s)(wL_H + B) + \tau_y G - Z + Q + \{1+(1-\tau_r)r\}A]}{p_F^\sigma\{p_P^{(1-\sigma)}\alpha^\sigma + p_F^{(1-\sigma)}(1-\alpha)^\sigma\}} \tag{10}$$

次に，現在消費 C_P と将来消費 C_F の効用関数について予算制約式をそれぞれ次のように与える．

---

2) 本章では，社会保険料に関して，第 1 章で設定した財務省の簡易計算方式を用いたものを用いる．具体的には，収入が 900 万円以下の者は収入に 0.1 を乗じた金額，収入が 900 万円超で 1500 万円以下の者は収入に 0.04 を乗じて 54 万円を加えた金額，収入が 1500 万円超の者は 114 万円となるように計算される．したがって社会保険料の税率 τ_s はそれぞれ収入に応じて 0.1, 0.04, ゼロ，定額社会保険料 Z はゼロ，54 万円，114 万円の値のいずれかをとる．

$$\sum_{i=1}^{3} q_i X_{Pi} = (1-\tau_y-\tau_s)(wL_H+B)+\tau_y G-Z+Q+\{1+(1-\tau_r)r\}A-S \tag{11}$$

$$\sum_{i=1}^{3} q_i X_{Fi} = S\{1+(1-\tau_r)r\} \tag{12}$$

ここで q_i は税込の価格であり，p_i を消費財価格，τ_c を消費税率とすると

$$q_i = (1+\tau_c)p_i \tag{13}$$

と表される．また，S は家計の現在貯蓄であり，$p_F C_F$ に等しい．前述のとおり，金融資産 A はデータの調査年までに保有している貯蓄であり，ストックの資産であるのに対して，家計の現在貯蓄 S はシミュレーションによって可処分所得から消費額を差し引くことによって算出できるフローの貯蓄である．(3) 式と (11) 式，(4) 式と (12) 式に関する効用最大化問題をそれぞれ解けば，第 i 財の需要関数 X_{Pi}, X_{Fi} を得ることができる．

$$X_{Pi} = \frac{\lambda_i\{(1-\tau_y-\tau_s)(wL_H+B)+\tau_y G-Z+Q+\{1+(1-\tau_r)r\}A-S\}}{q_i} \tag{14}$$

$$X_{Fi} = \frac{\lambda_i S\{1+(1-\tau_r)r\}}{q_i} \tag{15}$$

家計の CES 型効用関数は，間接効用関数と支出関数を求めることが容易であり，総支出と総所得が等しいという条件を用いれば合成価格を算出することができる．以下にそれらの関係を示す．

$$p_P = \prod_{i}^{3} \left\{\frac{q_i}{\lambda_i}\right\}^{\lambda_i} \tag{16}$$

$$p_F = \prod_{i}^{3} \left\{\frac{q_i/\{1+(1-\tau_r)r\}}{\lambda_i}\right\}^{\lambda_i} \tag{17}$$

$$p_H = [\alpha^\sigma p_P^{(1-\sigma)} + (1-\alpha)^\sigma p_F^{(1-\sigma)}]^{1/(1-\sigma)} \tag{18}$$

ここで，p_P は現在における個別消費財の合成価格，p_F は将来における個別消費財の合成価格，p_H は p_P と p_F の合成価格である．

3. 分析に使用するデータとデータ処理の方法

本節では，本章の分析で用いるデータと，分析のために必要なデータの処理方法について述べる．本章では，2004年の全消匿名データおよび基礎調査匿名データを用いる．本章のモデルでは，単一の主体が労働供給を選択すると仮定しているので，分析の対象を単身世帯に限定する．全消匿名データの単身世帯のサンプル数は3,936 であるが，単身世帯であっても，主な収入が事業収入である世帯，予算制約を満たしていない世帯を分析対象から除外する[3)4)]．その結果，分析対象世帯は3,294 世帯（M＝3,294）となる．表4-1 は分析対象世帯数，平均収入および平均可処分所得を所得階級10分位と年齢階級ごとに示したものである．

以下，各データのデータ項目は「　」で表記する．なお，全消匿名データおよび基礎調査匿名データをそのまま分析に使用することはできないため，第1章の処理方法をもとに，次の処理を施した．

3.1 収入データの確定

給与収入 wL_H，年金収入 B には第1章で算出した年間給与収入と年間年金収入を用いる．年間給与収入および年金収入以外の収入 Q には，「他の社会保障給付」，「仕送り金」のデータに12を乗じたものを使用した．給与収入および年金収入以外の収入 Q は非課税とする．金融資産 A には「貯蓄現

---

3) ここで，「予算制約を満たしていない世帯」とは，消費額が可処分所得を上回る世帯を指す．つまり，借金をしてまで消費をする世帯を除外している．

4) 全消匿名データでは，自営業者や会社・団体等の役員に関しては，「収入総額」のデータ内に，事業収入や勤め先収入に関するデータが存在せず，年間収入が計算できないため，分析から除外する．

表 4-1 所得, 年齢階級別の分析対象世帯数, 平均収入および平均可処分所得

所得階級	世帯数	平均収入(万円)	平均可処分所得(万円)
I	329	80.89	70.80
II	329	148.67	116.99
III	330	196.99	152.24
IV	329	238.82	185.95
V	330	281.96	212.09
VI	329	327.67	248.66
VII	329	371.69	285.25
VIII	330	428.68	332.45
IX	329	525.84	400.01
X	330	764.56	570.49
年齢階級			
30歳未満	562	296.1607	280.46
30〜40歳	605	415.6992	359.53
40〜50歳	406	450.1959	408.87
50〜60歳	564	390.0224	256.51
60歳以上	1,157	238.9264	140.55
全体	3,294	336.6749	242.73

在高」のデータを用い, 利子率を0.001%（日本銀行『金融経済統計月報』より2004年の普通預金の金利データを使用）として家計の利子収入 rA を求めた.

3.2 税率と税額の計算

所得税および個人住民税の負担額 T は第1章で求めた税負担額を用いる. また, 各家計が直面している所得税と個人住民税の限界税率の和を限界実効税率 τ_y とすると, 年間収入, 税負担額 T, 限界実効税率 τ_y より実効課税最低限 G を計算できる[5]. 税負担額 T の計算には, 税率だけでなく, 給与所得控除, 公的年金等控除, 所得控除を考慮に入れていることから, 実効課税最低限 G は家計の各種控除や税率のブラケットの影響を表していることとなる. また, 利子所得税率 τ_r については分離課税方式に従い, 一律20%とした.

各家計は給与収入, 年金収入, その他の収入, 金融資産, 利子収入の和から所得税, 個人住民税および社会保険料を差し引いた金額を現在消費と貯蓄に振り分ける.

本章の分析では全消匿名データが存在する2004年税制に加えて, 1988年, 1994年, 2015年の個人所得課税の税制を使用する. 1980年後半から2000

---

[5] 脚注1)の税負担額 T の式を用いると, 実効課税最低限 G は $G = wL_H + B - \dfrac{T}{\tau_y}$ と表すことができる. ここで, 年間収入 $wL_H + B$ はデータから入手可能であり, 税負担額 T および限界実効税率 τ_y は税負担額を求めるシミュレーションより値を得ることができるため, これらを用いると実効課税最低限 G を求めることができる.

年代前半にかけて個人所得課税に関して多くの税制改革が行われており，分析対象とする年の間で税率の変化や控除額の大幅な変更が行われている．つまり，本章の分析対象としている 1988 年，1994 年，2004 年，2015 年はそれぞれの税制改革の特徴をとらえていると考えられるため，以上の年の税制を分析対象とした．ただし，1999 年から 2006 年にかけて，所得税，個人住民税ともに定率減税が実施されているが，定率減税は一時的な処置であるため，本章では扱わない．

3.3 労働供給データのマッチング

本章のモデルでは，パラメータ設定のために，労働供給のデータが必要であるが，全消匿名データには労働供給のデータが存在しない．一方，基礎調査匿名データには労働供給のデータとして「1 週間の就業時間」が存在する．そこで，全消匿名データと基礎調査匿名データでマッチングを行い，全消匿名データの各家計に労働供給 L_H を与えた．

まず，全消匿名データからは「就業・非就業の別」のデータを用いて，就業している世帯のみを抽出する．基礎調査匿名データからは「1 週間の就業時間」が正の値をとっている単身世帯のみを抽出する．次に，各家計について，以下の 5 つの項目が一致すれば，全消匿名データの家計に基礎調査匿名データの「1 週間の労働時間」を与える．

マッチングの条件は次の通りである．①基礎調査匿名データの「総所得」と全消匿名データより算出した年間の給与所得との差が 5 万円未満，②年齢，③性別，④企業規模，⑤基礎調査匿名データの「勤めか自営かの別」のデータが一般常雇者，あるいは契約の雇用者である世帯かどうか．マッチングによって各家計に与えられた労働時間を家計の労働供給 L_H とし，給与収入を労働供給で除することで，各家計の賃金率 w を算出した．

3.4 パラメータと価格の設定

以下ではパラメータ $(\alpha, \beta, \sigma, \varepsilon)$ と価格の設定について述べる．

まず，全消匿名データの「食料」，「光熱・水道」に 12 を乗じたものをそれぞれ年間の食料，光熱・水道の支出額と定義する．また，「消費支出」から「食料」と「光熱・水道」を差し引いた支出額をその他消費の支出額と定義し，その他消費の支出額に 12 を乗じたものを年間のその他消費の支出額とする．

本章では消費財として，年間の食料，光熱・水道，その他消費の 3 財を使用し，家計はこの 3 財を消費するものとする[6]．また，「消費支出」に 12 を乗じたものを年間の消費支出として考える．

(3) 式と (4) 式で用いているウェイトパラメータ λ_i は，各家計の「消費支出」のうち，個別消費財 i に対する支出の割合を示し，$\sum \lambda_i = 1$ が成立する．したがって，λ_i は「食料」，「光熱・水道」，その他消費の支出額をそれぞれ「消費支出」で除することで求めることができる．

各消費財の税込価格 q_i は総務省『消費者物価指数年報』の「中分類指数」から，2004 年のデータを用いる．税込み価格 q_i が分かれば，(16) 式と (17) 式より現在における個別消費財の合成価格 p_P，将来における個別消費財の合成価格 p_F を算出できる．

現在消費 C_P と将来消費 C_F の代替の弾力性 σ の値を外生的に与えるとウェイトパラメータ α は (9) 式および (10) 式より算出できる．また，効用関数 (1) 式に関する余暇と合成消費の代替の弾力性 ε の値を外生的に与えるとウェイトパラメータ β は (7) 式を用いることで設定される．ここでは既存研究にならい，標準ケースとして σ を 0.2，ε を 0.4 に固定することで，α と β を求めた[7]．

家計により年間収入，消費支出，労働供給が異なるため，α と β の値に関

---

[6] 全消匿名データには「食料」，「光熱・水道」の他にも消費に関するデータが多数存在するが，消費に関するすべてのデータは全消の調査期間（単身世帯の場合は 10 月，11 月）における平均額であり，いずれかの項目の消費額がゼロの世帯が多数存在する．これらの世帯をすべて分析対象から除外することでサンプル数が極端に小さくなってしまうことを防ぐために，本章の分析では「食料」，「光熱・水道」以外の消費を合計することでその他の消費として用いた．

しても各家計によって異なる．ただし，労働供給がゼロの世帯では，β はゼロとする．

4. シミュレーション分析

4.1 過去の税制改革の評価（純税収一定制約がない場合）

本項ではまず，2節のモデルに1988年，1994年，2004年，2015年の税制を適用し，シミュレーションを行うことで，税制改革による家計の効用，消費，労働供給の変化を分析する．

分析にあたっては，分析対象の税制のなかで，もっとも過去の1988年税制のもとでの効用，労働供給，合成消費を基準値とする．次に，その他の年の税制を用い，社会的厚生 W，労働供給 L_H，合成消費 H を算出し，所得階級別に税制の経年的な影響を比較する．本章の厚生指標は相対的厚生変化率 RWC の概念を用いた．

$$RWC = \frac{W^R - W^B}{|W^B|} \qquad (19)$$

1988年税制のもとでの社会的厚生を W^B，1988年以外の税制のもとでの社会的厚生を W^R として RWC を算出した．社会的厚生については，本間他（1989），上村（2001）で用いられている以下の(20)式を用いて算出する．

$$W_\rho = \frac{1}{\rho} \cdot \sum_{j=1}^{m} U_j^\rho \quad ただし \rho \neq 0 \qquad (20)$$

ここで，U_j は家計 j の効用，m は世帯数，ρ は不平等に対する社会的価値判断を示すパラメータである．$\rho=1$ のとき各家計の効用の総和となる功利主義的な社会的厚生関数に対応する．それに対して，ρ の値が小さくなるとその社会の平等性への嗜好が高まることになる．

---

7) 異時点間の代替の弾力性 σ，余暇と合成消費の代替の弾力性 ε については上村（2001）を参考にした．また，それぞれの弾力性について1%ずつ値を変化させたときの分析結果がほぼ変化しないことを確認している．

本章の分析では，社会的厚生関数の一例として，功利主義的な社会的厚生関数（$\rho=1$ の場合）と平等性への嗜好がきわめて高い場合の社会的厚生関数（$\rho=-30$ の場合）の結果を示す．

さらに，厚生が変化する要因を明らかにするために，1988年税制を基準とした労働供給と合成消費の変化率も同様に示す．また，勤労世帯が多く収入が相対的に多いと考えられる60歳未満の世帯と年金世帯が多く収入が相対的に低いと考えられる60歳以上の世帯に対する税制改革の影響は異なると考えられる．そこで，分析結果を60歳未満の世帯と60歳以上の世帯に分けて表す．表4-2，表4-3 は，それぞれ60歳未満の世帯と60歳以上の世帯に分けた分析結果である．

表4-2 では，1988年以降の税制で相対的厚生指標が改善されていることが分かる．とくに，1994年から2004年にかけては，給与所得控除が増額されたことに加えて，所得税および個人住民税の大幅なフラット化が行われたこともあり，比較的大きく厚生が改善されている．

さらに，表4-2 では 2004 年税制と 2015 年税制を比較してもほとんど厚生が変化しない．2004 年から 2015 年にかけては，所得税の税率のブラケットが細分化された一方で，60 歳未満の勤労世帯に適用される控除額に増減がなく，個人住民税の税率のブラケットがフラット化されたために，所得税と個人住民税を合わせた税負担がほとんど変化しなかったことが原因だと考えられる．

労働時間，合成消費については，1994年から2004年にかけて労働時間，合成消費ともに増加幅が大きいことが確認されることから，この間に行われた税率のフラット化の影響が大きいことが分かる．

表4-3 は 60 歳以上の世帯について相対的厚生指標，労働供給の変化率，合成消費の変化率をまとめたものである．表4-2 と比較すると，$\rho=1$，$\rho=-30$ のどちらの場合でも，税制の変化による厚生の増加が小さいだけでなく，2015 年には 1998 年の水準を下回る結果となった．

60 歳以上の世帯については収入の大部分が年金収入である．年金収入に

表 4-2　所得階級別のシミュレーション結果（60 歳未満世帯：純税収一定制約なし）

(%)

		1994 年税制		2004 年税制		2015 年税制	
		$\rho=1$	$\rho=-30$	$\rho=1$	$\rho=-30$	$\rho=1$	$\rho=-30$
相対的厚生変化率	I	0.00	0.00	0.00	0.00	0.00	0.00
	II	0.06	10.18	0.07	12.11	0.06	10.69
	III	0.04	6.76	0.06	12.00	0.05	9.92
	IV	0.07	7.34	0.10	12.51	0.09	10.46
	V	0.10	13.08	0.14	17.19	0.13	15.55
	VI	0.14	12.33	0.18	14.82	0.17	13.82
	VII	0.26	11.50	0.34	14.69	0.32	13.89
	VIII	0.27	15.73	0.48	25.29	0.47	24.56
	IX	0.23	13.16	0.43	23.86	0.42	23.25
	X	0.26	11.94	0.58	25.77	0.57	25.43
	全体	0.19	0.00	0.37	0.00	0.36	0.00
労働供給の変化率	I	−0.01		−0.01		−0.01	
	II	−1.44		−1.30		−1.52	
	III	0.03		−0.10		0.35	
	IV	0.27		0.18		0.21	
	V	0.54		0.43		0.42	
	VI	0.55		0.44		0.48	
	VII	0.31		1.00		1.04	
	VIII	−0.48		0.01		0.04	
	IX	−0.08		−0.41		−0.39	
	X	0.38		1.28		1.32	
	全体	0.08		0.37		0.40	
合成消費の変化率	I	0.00		0.00		0.00	
	II	−0.06		−0.03		−0.08	
	III	0.07		0.08		0.14	
	IV	0.18		0.21		0.20	
	V	0.42		0.46		0.43	
	VI	0.57		0.61		0.59	
	VII	0.74		1.30		1.28	
	VIII	0.28		0.95		0.93	
	IX	0.40		0.62		0.61	
	X	0.50		1.30		1.30	
	全体	0.38		0.84		0.83	

表 4-3 所得階級別のシミュレーション結果（60 歳以上世帯：純税収一定制約なし）

(%)

		1994年税制		2004年税制		2015年税制	
		$\rho=1$	$\rho=-30$	$\rho=1$	$\rho=-30$	$\rho=1$	$\rho=-30$
相対的厚生変化率	I	0.00	0.00	0.00	0.00	0.00	0.00
	II	0.00	0.00	0.00	0.00	0.00	0.00
	III	0.02	0.16	0.02	0.01	0.02	0.07
	IV	0.03	0.00	0.03	0.00	0.02	−0.07
	V	0.02	6.14	0.02	6.43	−0.03	0.09
	VI	0.02	3.66	0.02	3.46	−0.18	−78.11
	VII	0.08	14.36	0.07	13.21	−0.31	−200.06
	VIII	0.21	50.92	0.21	50.78	−0.25	−164.13
	IX	0.24	26.89	0.26	28.63	−0.12	27.93
	X	0.32	23.94	0.47	26.31	0.05	−35.32
	全体	0.04	0.00	0.05	0.00	−0.07	0.00
労働供給の変化率	I	0.17		0.17		0.17	
	II	0.06		0.47		−0.67	
	III	0.04		−0.27		−0.40	
	IV	0.50		0.57		0.56	
	V	3.21		3.35		3.31	
	VI	0.47		0.31		0.69	
	VII	0.40		0.32		−0.70	
	VIII	1.24		1.36		−1.59	
	IX	1.52		1.26		0.99	
	X	0.77		1.54		1.21	
	全体	0.85		0.90		0.36	
合成消費の変化率	I	0.00		0.00		0.00	
	II	0.01		0.01		0.00	
	III	0.02		0.02		0.01	
	IV	0.04		0.04		0.03	
	V	0.04		0.05		−0.01	
	VI	0.03		0.03		−0.18	
	VII	0.08		0.08		−0.32	
	VIII	0.23		0.24		−0.31	
	IX	0.36		0.38		−0.03	
	X	0.47		0.85		0.30	
	全体	0.06		0.07		−0.06	

は公的年金等控除が適用されるが，公的年金等控除は給与所得控除と比較すると控除額が大きく，65歳以上の者にはさらに老年者控除が適用される．その結果，同程度の収入であっても，勤労世帯より税負担額が小さくなるため，税制による影響が勤労世帯よりも小さい．60歳以上の世帯における2004年から2015年にかけての厚生の悪化は，65歳以上の高齢者に対する公的年金等控除の減額と老年者控除の廃止によって65歳以上の税負担が大きく増加したためだと考えられる．

4.2 過去の税制改革の評価（純税収一定制約あり）

シミュレーションの結果，2004年税制のもとで厚生が最大になる結果を得たが，2004年税制のもとでは，全階級の税負担額，すなわち総税収がもっとも少ないため，2004年税制のもとで厚生が改善することはあらかじめ想定できる．総税収が異なる制度をそのまま比較することは，税制の評価として問題がある．

そこで，各年の税制で全体の税収から給付を差し引いた金額を等しくする純税収一定制約を課して，同様のシミュレーションを行った．具体的には，2004年以外の税制でシミュレーションを行う際には，各世帯に一括補助金を支給することで，給付を差し引いた最終的な税収が2004年の税収と等しくなるように税収と一括補助金の金額を調整した．

表4-4と表4-5はそれぞれ60歳未満，60歳以上の相対的厚生指標，労働供給，合成消費の変化率を所得階級別に示したものである．

表4-4の60歳未満世帯の結果を見ると，第Ⅴ分位までは厚生が悪化するが，第Ⅵ分位以上の所得分位で厚生が改善している．

前項でも触れたが，厚生改善の最大の原因は，税率のフラット化であると考えられる．1988年から2004年にかけて所得税，個人住民税ともに大幅なフラット化が行われてきた．このフラット化によって，一定以上の所得を得ている世帯の税負担額が大幅に減少したと考えられる．

結果として，60歳未満の世帯では，1988年や1994年税制のもとでの一括

表 4-4 所得階級別のシミュレーション結果（60 歳未満世帯：純税収一定制約あり）

(%)

		1994 年税制		2004 年税制		2015 年税制	
		$\rho=1$	$\rho=-30$	$\rho=1$	$\rho=-30$	$\rho=1$	$\rho=-30$
相対的厚生変化率	I	−0.11	−107.44	−0.18	−238.91	−0.12	−120.44
	II	−0.07	−7.54	−0.15	−18.83	−0.08	−8.56
	III	−0.05	−15.06	−0.10	−24.63	−0.05	−13.10
	IV	−0.06	−14.16	−0.12	−23.56	−0.06	−12.22
	V	−0.05	−3.68	−0.11	−10.84	−0.04	−2.20
	VI	0.01	2.34	−0.05	−1.63	0.02	3.18
	VII	0.11	3.47	0.08	1.63	0.15	5.39
	VIII	0.13	7.75	0.24	13.23	0.31	16.69
	IX	0.12	6.52	0.25	14.04	0.30	16.84
	X	0.19	7.91	0.47	20.13	0.50	21.68
	全体	0.09	−71.79	0.20	−147.90	0.25	−79.75
労働供給の変化率	I	0.63		1.04		0.68	
	II	−0.50		0.27		−0.48	
	III	0.60		0.96		0.97	
	IV	0.73		0.93		0.70	
	V	0.94		1.10		0.86	
	VI	0.92		1.07		0.89	
	VII	0.67		1.56		1.40	
	VIII	−0.22		0.46		0.33	
	IX	0.10		−0.10		−0.19	
	X	0.49		1.47		1.44	
	全体	0.36		0.83		0.70	
合成消費の変化率	I	−0.10		−0.16		−0.11	
	II	−0.18		−0.22		−0.20	
	III	−0.03		−0.07		0.03	
	IV	0.05		0.00		0.06	
	V	0.27		0.20		0.26	
	VI	0.41		0.35		0.42	
	VII	0.59		1.03		1.10	
	VIII	0.14		0.71		0.77	
	IX	0.27		0.42		0.47	
	X	0.42		1.18		1.22	
	全体	0.28		0.66		0.71	

表 4-5 所得階級別のシミュレーション結果（60歳以上世帯：純税収一定制約あり）

(%)

		1994年税制		2004年税制		2015年税制	
		$\rho=1$	$\rho=-30$	$\rho=1$	$\rho=-30$	$\rho=1$	$\rho=-30$
相対的厚生変化率	I	−0.16	−554.91	−0.27	−2318.96	−0.18	−668.48
	II	−0.15	−73.80	−0.25	−151.63	−0.16	−81.97
	III	−0.10	−42.74	−0.17	−81.37	−0.11	−47.16
	IV	−0.07	−36.29	−0.14	−67.45	−0.09	−39.92
	V	−0.07	−22.32	−0.13	−45.33	−0.13	−33.05
	VI	−0.05	−21.03	−0.10	−41.07	−0.26	−127.61
	VII	0.00	−3.47	−0.05	−18.74	−0.39	−266.24
	VIII	0.14	41.72	0.11	34.84	−0.32	−216.02
	IX	0.18	19.93	0.17	17.21	−0.18	20.51
	X	0.28	19.14	0.39	18.53	0.00	−44.46
	全体	−0.06	−551.72	−0.13	−2303.20	−0.18	−664.54
労働供給の変化率	I	1.05		1.67		1.13	
	II	0.67		1.46		0.02	
	III	0.59		0.61		0.18	
	IV	0.96		1.33		1.06	
	V	3.59		3.99		3.72	
	VI	0.72		1.04		1.18	
	VII	0.69		0.79		−0.40	
	VIII	1.48		1.78		−1.34	
	IX	1.72		1.58		1.21	
	X	0.87		1.72		1.32	
	全体	1.24		1.56		0.80	
合成消費の変化率	I	−0.16		−0.27		−0.18	
	II	−0.15		−0.24		−0.17	
	III	−0.10		−0.17		−0.12	
	IV	−0.07		−0.13		−0.09	
	V	−0.05		−0.11		−0.10	
	VI	−0.05		−0.10		−0.26	
	VII	0.01		−0.04		−0.40	
	VIII	0.17		0.14		−0.37	
	IX	0.31		0.29		−0.10	
	X	0.43		0.77		0.25	
	全体	−0.05		−0.11		−0.18	

補助金があったとしても2004年の税制が望ましいことになる．しかしながら，$\rho=-30$ の場合については，1988年以降の税制のもとで厚生が悪化していることから，どの税制が望ましいかは社会的な判断にゆだねられることとなる．

また，$\rho=1$ の時，2004年と比較して2015年税制の厚生が改善しているのは，純税収一定制約による一括補助金の影響である．表2でも示したとおり，2004年税制から2015年税制への変化は60歳未満の世帯に対してほとんど影響を与えない．しかしながら，この間に公的年金等控除の減額，老年者控除の廃止といった65歳以上の世帯の税負担が重くなる改革があったため，税収自体は2015年税制の方が多く，一括補助金が存在する．したがって，60歳未満の世帯については，税負担がほとんど変化することなく，一括補助金が支給されるため，2004年よりも厚生が改善している．

表4-5は60歳以上の世帯の所得階級別のシミュレーション結果である．

表4-5の傾向としては1998年以降の税制において厚生が悪化していることが分かる．また，厚生の低下の程度も大きいことから，低所得世帯が多い60歳以上世帯では，2004年までの公的年金等控除の増額や税率のフラット化の影響よりも一括補助金の方が厚生を改善する影響を持つ．

また，$\rho=1$ の場合，2015年税制のもとで，第X分位を除くすべての世帯において厚生の悪化がみられることから純税収一定制約がない場合と同様に公的年金等控除，老年者控除の減額が60歳以上世帯の厚生に負の影響を与えたことが読み取れる．このことから過去の税制改革は60歳以上の世帯については望ましいものではなかったことが分かる．

4.3 税制改革の方向性

ここまで，過去の税制を適用するシミュレーションを行うことで，過去の税制改革が経済厚生，労働供給，合成消費に与えた影響を明らかにした．個人所得課税の税制改革は税率の変化と控除の変化に分けられるが，今後の税制改革を考えるにあたって，個人所得課税の税率や控除の変化が家計の労働

表 4-6　シミュレーション前後の税制

	2015 年	シミュレーション案
基礎控除	38 万円	37 万円
税率とブラケット	195 万円以下　5% 195 万円超　10% 330 万円〃　20%	6% 11% 21%

供給あるいは経済厚生にどの程度の影響を与えるかを把握することはきわめて重要である．

以下では，税率と控除を限界的に変化させた仮想的な税制のシミュレーションを行うことで，今後の個人所得課税制改革の方向性について検討する．

税率と控除を限界的に変化させる仮想的な税制として，2015 年の所得税制を基準として，所得税の税率の第 1 ブラケットから第 3 ブラケットまでの税率を 1% 引き上げる税制と基礎控除額を 1 万円減額する税制の 4 つの税制を考える．表 4-6 は 2015 年税制とシミュレーションで用いる税制の税率および基礎控除である[8)9)]．

また，前項のシミュレーションと同様に，2015 年税制との税収の差を調整するために，一括補助金を用いて，純税収一定制約を課した場合の結果も示す．

表 4-7 は，2015 年税制から仮想的な税制に変更した際の，所得階級別の厚生の変化率を定量的に示したものである．純税収一定制約を課さない場合，税率の引き上げ，控除の減額をともなう税制改革は税負担額を増加させ

---

8) 具体的には，195 万円以下（第 1 ブラケット）の金額について税率を 6% にする税制，195 万円から 330 万円まで（第 2 ブラケット）の税率を 11% にする税制，330 万円から 695 万円まで（第 3 ブラケット）の税率を 21% にする税制，基礎控除額を 37 万円に減額する税制の 4 つの税制を適用する．
9) 本章の分析では，単身世帯を対象にしているため，所得分布が低所得世帯に偏っている．これらの世帯に対して第 4 ブラケット以降の税率の変化はきわめて限定的な影響しか及ぼさないため，本章では第 1 ブラケットから第 3 ブラケットの税率の変化に焦点を当て，分析を行った．

表 4-7 税制改革後の所得階級別の厚生の変化率（全世帯）

(%)

		第1ブラケット		第2ブラケット		第3ブラケット		控除額の減額	
		$\rho=1$	$\rho=-30$	$\rho=1$	$\rho=-30$	$\rho=1$	$\rho=-30$	$\rho=1$	$\rho=-30$
純税収一定制約なし	I	0.00	0.00	0.00	0.00	0.00	0.00	0.00	0.00
	II	0.00	0.00	0.00	0.00	0.00	0.00	0.00	0.00
	III	0.00	0.00	0.00	0.00	0.00	0.00	0.00	0.00
	IV	−0.01	−0.72	0.00	0.00	0.00	0.00	0.00	−0.05
	V	−0.01	−0.78	0.00	0.00	0.00	0.00	0.00	−0.10
	VI	−0.02	−4.05	0.00	0.00	0.00	0.00	0.00	−0.62
	VII	−0.05	−8.52	0.00	0.00	0.00	0.00	0.00	−0.55
	VIII	−0.08	−9.19	0.00	0.00	0.00	0.00	0.00	−0.25
	IX	−0.10	−7.79	−0.02	−1.04	0.00	0.00	−0.01	−0.37
	X	−0.07	−4.73	−0.04	−0.43	−0.03	−0.06	−0.01	−0.20
	全体	−0.03	0.00	−0.01	0.00	0.00	0.00	0.00	0.00
純税収一定制約あり	I	0.07	57.27	0.01	15.55	0.00	4.33	0.00	5.37
	II	0.06	21.30	0.01	4.61	0.00	1.23	0.00	1.53
	III	0.05	14.27	0.01	2.99	0.00	0.79	0.00	0.98
	IV	0.04	11.43	0.01	2.50	0.00	0.66	0.00	0.77
	V	0.03	10.03	0.01	2.21	0.00	0.58	0.00	0.63
	VI	0.01	5.22	0.01	1.82	0.00	0.48	0.00	−0.02
	VII	−0.01	0.24	0.01	1.64	0.00	0.43	0.00	−0.01
	VIII	−0.04	−5.17	0.01	0.73	0.00	0.19	0.00	−0.01
	IX	−0.06	−4.38	−0.02	−0.40	0.00	0.16	0.00	−0.16
	X	−0.04	−2.16	−0.04	0.06	−0.03	0.06	0.00	−0.05
	全体	0.01	57.23	0.00	15.54	0.00	4.32	0.00	5.36

るのみであるので，厚生は悪化する．ただし，所得が課税最低限以下である世帯は税制の限界的な変更の影響をほぼ受けないため，低所得者のウェイトが大きい $\rho=-30$ の場合は全体に対する負の影響はほとんどない．

一方で，純税収一定制約を課す場合，高所得階級では厚生が悪化するが，低所得階級，中所得階級では，厚生が改善する．また，第1，第2ブラケットの税率を変化させる改革と控除額を減額する改革では，全体の厚生が改善することが明らかとなった．第3ブラケットの税率を引き上げる改革においては，全体への影響は負の値をとっている．これは，第3ブラケットの税率の引き上げだけでは，税収が十分に得られず，一括補助金による他の階級へのプラスの影響よりも，税負担額が増加することによる第X階級へのマイナ

スの影響が大きいためである．

第1，第2ブラケットの税率の引き上げ，もしくは控除額を減額させる税制改革は，高所得階級の厚生を悪化させるが，全体の厚生を改善させるため，経済厚生を改善するという観点からは，現行の税制よりも望ましいと言える．

5. まとめ

本章では，全消匿名データの単身世帯のデータおよび基礎調査匿名データを用いて，社会的厚生関数を設定した厚生分析を行うことで，過去の個人所得課税制が家計の厚生に与えた影響と仮想的な税制を適用した場合の厚生の変化を明らかにした．本章での分析結果をまとめ，今後の課題を述べることで結びとする．

第1に，1988年，1994年，2004年，2015年の税制のなかで，もっとも厚生が高い税制は2004年税制であった．これは，1988年から2004年にかけて各種の控除が拡大されてきたことと，所得税，個人住民税の税率がフラット化されたため，多くの世帯で税負担額が減少したことが原因だと考えられる．

60歳未満の世帯については，主に2004年までの税率のフラット化によって，厚生が改善されていること，2004年から2015年にかけては所得税の税率のブラケットは細分化されたが，個人住民税の税率がフラット化された影響で税負担額に大きな違いがないため，全体への影響とは異なり，厚生の悪化がみられないことを確認した．

一方で，60歳以上の世帯は低所得世帯が多く，60歳未満の世帯ほど税制改革による影響を受けないこと，2004年から2015年にかけての公的年金等控除の減額，老年者控除の廃止によって，中高所得の分位の多くで厚生が悪化していることが分かった．

第2に，60歳未満の階級と60歳以上の階級では，各税制の影響は異なっ

ていることには留意が必要である．60歳未満の世帯に限定すると，$\rho=1$ の場合，過去の税制改革によって，厚生が改善されてきている．これは，他の年の税制のもとで，一括補助金を受けるよりも2004年までの税率のフラット化による厚生改善の影響が大きいためである．しかし，60歳未満の世帯の場合でも $\rho=-30$ の場合は厚生が悪化するため，どの税制が望ましいかは社会的な判断にゆだねられることになる．

第3に，所得税の税率，控除額を変化させた仮想的な税制を適用したところ，第3ブラケットの税率を引き上げる税制以外の税制において，全体の厚生の改善が見られた．しかし，どの改革においても，高所得階級の厚生は悪化する．また，全体の厚生が改善する改革のなかでも，階級によって厚生への影響が異なるため，政策目的に応じて，税制改革を進める必要がある．

本章に残された課題は以下の通りである．

第1に，単身世帯に限定して分析を行っている点である．社会全体の厚生を評価するためには，単身世帯以外の世帯類型も考慮に入れたモデルの構築が必要である．

第2に，全消匿名データでは「年間収入」が1,500万円以上の世帯はサンプルから除外されているため，高所得階級に関する効果が不十分である可能性がある．

第3に，所得階級第Ⅸ分位の労働供給変化のように，本章の分析ではシミュレーション結果がウェイトパラメータによって大きく影響を受けている可能性があるため，結果の解釈については留意が必要な点がある．

第4に，本章の分析で用いた純税収一定制約では，定額の給付金という設定が分析結果に大きく影響している可能性があるため，所得に応じた給付金を設定するなど，今後は給付額を調整した際に結果に違いが出るかどうかも検討する必要があるだろう．

これらの点に関しては，今後の課題である．

第5章
配偶者控除制度と有配偶女性の労働供給の変化

1. 女性の労働の現状と税制改革

　急速に進む人口減少によって,労働供給が減少し,経済成長の低下が懸念されるなかで,成長戦略の一環として,潜在的労働力を有する女性の就業促進が進められている.2014年の総務省『労働力調査』によると,専業主婦世帯は2010年比9.7%減の720万世帯にまで大きく減少している.また2016年の同調査によると女性就業者数の増加は著しく,2016年に2,801万人に達し,前年度と比べ41万人の増加となっている.
　女性の労働力率についてはM字カーブに象徴されるように,結婚,出産そして子育てなどのライフイベントによって低下しているが,経年的にみると底上げが生じている.2016年の『労働力調査』によるとM字カーブのボトム部分にあたる25歳から29歳の労働力率は1975年には42.6%であったのに対し,2014年には79.3%まで上昇している.このようにM字カーブのボトム部分が底上げされた背景には,未婚率の上昇や貧困層の増加といった負の側面による影響もあるため,一概にこの現象によって女性の社会進出が果たされているとは言えない.
　しかし,これまで女性の就業についてはさまざまな対策が講じられてきたことも事実である.近年の動向をみると,2013年に閣議決定された日本再興戦略では,雇用制度改革および人材力の強化を目指した日本産業再興プラ

ンを掲げている．そこでは，女性の活躍推進を掲げ，男女が共に仕事と子育て等を両立できる環境整備を打ち出している．

内閣府 (2013)「経済社会構造に関する有識者会議」ならびに内閣府 (2014)「第15回産業競争力会議」では，全員参加型社会の実現のための働き方改革を挙げ，女性の活躍を支える社会基盤整備の強化が必要であるとしている．その背景には，女性の労働参加をうながすことによって，世帯の所得の上昇および消費の増加を通じて，GDPの底上げに繋げる狙いがあると考えられる．

さらに近年の議論では共通して，環境整備などのハード面に加え，ソフト面でも検討が行われ，そのひとつとして女性の就業意識に影響を与えるとされる配偶者控除をとりあげ，中立的な税制と社会保障制度のあり方について検討がなされてきた．また配偶者控除は二重控除であるという批判もあることから，中立性のみならず控除の簡素化，適正化という観点からも見直しが必要とされてきた．

以上を踏まえ，本章では，配偶者控除制度の見直しが女性の労働供給に与える影響を検証する．ただし，配偶者控除および配偶者特別控除制度については 2017 年以前と 2018 年以後とで制度が変更されている．本章では税制改正前の 2015 年の配偶者控除および配偶者特別控除をベースラインの制度として使用する．また，制度改革の見直しとして，配偶者特別控除を含む配偶者控除の廃止と移転的基礎控除への移行の 2 つの制度改革を取り上げる．

本章の構成は以下の通りである．次節では配偶者控除の制度の概要を説明し，第 3 節では先行研究の概要，第 4 節では分析に用いる推定モデル，データ，変数について述べる．第 5 節では推定結果を示す．最後に，本章で得られた結果をまとめ，政策的インプリケーションを示してむすびとする．

2. 配偶者控除制度に関する議論と制度改革

近年，新たな労働力としての女性の就業が注目されるなかで，中立的な税

制・社会保障制度の視点から配偶者控除制度の見直しが検討されている．配偶者控除とは，配偶者の合計所得額が一定以下の場合，世帯主の担税力の調整を行う人的控除である．その変遷を遡ると，配偶者に対する控除の発足当初は，1人目の扶養親族として配偶者に扶養控除が適用されていたが，1961年には扶養ではなく夫婦の相互扶助の観点から，配偶者控除制度が創設された．現行の制度では，配偶者の合計所得金額が38万円（給与のみの場合は給与収入が103万円）以下の場合，世帯主の所得から38万円の控除が受けられる制度である[1]．配偶者の合計所得金額が一定の額を超過すると，世帯主が配偶者控除を受けられなくなる制度であることから，配偶者の就業の抑制に繋がる可能性があると指摘されてきた．

給与収入の場合，配偶者の年間収入が，38万円の基礎控除と65万円の給与所得控除の和である103万円を超えれば，税負担が発生する．そして，配偶者本人に所得税が課せられるとともに，世帯主の控除額が減少することで，世帯の税負担が増える．しかし，日本の所得税制および個人住民税制では，配偶者の合計所得金額が38万円を超過し，配偶者控除の適用外となった場合でも，一定の所得までは所得に応じて配偶者特別控除が適用されてきた．したがって，配偶者の所得の増加によって可処分所得は増加するため，少なくとも税制の面ではいわゆる103万円の壁は解消されていた．ただし，今まで税負担をしていなかったところに，新たに税負担が発生するという負担感，つまり配偶者あるいは世帯主が，配偶者控除が適用されなくなることによって，痛税感を感じ，その意識的な壁が配偶者の労働供給を阻害している可能性は依然として残っていた．

実際に，厚生労働省『平成23年パートタイム労働者総合実態調査』によれば，非正規職員が就業調整を行う理由として，6割以上が自分の所得税の課税最低限の103万円を超えると税金を支払わなければならないからであると答えている．同調査では，配偶者の年間収入の分布をみると，女性の非正

---

1) 控除対象配偶者のうち，年齢が70歳以上の者は老人控除対象配偶者とされ，世帯主の所得に対して48万円の控除が適用される．

規職員の年間収入は，年収100万円付近でピークがあることが示されている．また厚生労働省（2012）『男女共同参画白書』では，既婚女性の給与所得者の年齢階級別所得分布で，20歳〜29歳から60歳〜69歳の全ての階級で就業調整が認められている．配偶者控除の適用者数は，2014年度では1,400万人程度であり，額にすると6,000億円にのぼると計算されている．

そもそも，配偶者控除とは一定の所得金額以下の配偶者を有する納税者の担税力を調整することを目的にしている．しかし，意識的な壁によって就業が阻害されているのは，世帯主が一定の収入を得ている中間層であり，低所得層ではない可能性が高い．世帯主の年収が300万円以下の低所得世帯は，配偶者が壁を越えて労働することを強いられているためである．

また，配偶者控除制度は就労に対する意識的な壁に加え，二重控除の問題をも抱えている．配偶者がパート・アルバイト，派遣社員，契約社員などの非正規職員であれば，配偶者の所得に基礎控除が適用されるだけでなく，世帯主は世帯主本人の基礎控除に加えて配偶者控除あるいは配偶者特別控除の適用を受けることができる．そのため，専業主婦や正規職員の共働き世帯よりも適用される控除額が多く，二重控除の問題と指摘されてきた．

具体的に2017年以前の制度であれば，正規職員の共稼ぎ世帯なら，世帯主と配偶者の所得に対してそれぞれ1人38万円，合計76万円の基礎控除が適用される．同様に専業主婦世帯なら，世帯主の基礎控除38万円と配偶者控除38万円の合計76万円の控除が適用される．だが，配偶者が非正規職員で，年間の給与収入が103万円以下であれば，世帯主と配偶者それぞれの基礎控除38万円に加えて，配偶者控除38万円の合計114万円の控除が適用されていた．この二重控除の解消策として，配偶者の所得によらず控除額を一定とする移転的基礎控除の考え方がある．

2014年11月に行われた第12回政府税制調査会において，配偶者控除改革のひとつの手段として移転的基礎控除が提示された．これは夫婦2人で受けられる控除額を配偶者の収入によらず，一定とする仕組みである．

2017年以前の税制の場合，図5-1のように，配偶者は収入が65万円超か

第 5 章 配偶者控除制度と有配偶女性の労働供給の変化　　133

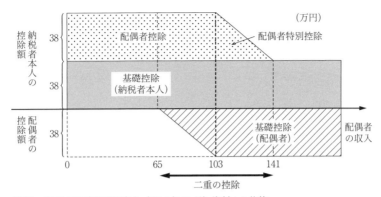

備考）　第 12 回政府税制調査会（2014 年 11 月）資料より抜粋．

図 5-1　配偶者控除と配偶者特別控除

つ 103 万円以下であれば，配偶者自身の控除として基礎控除額が適用されるだけでなく，その世帯主が配偶者控除として 38 万円の控除の適用を受ける．また，配偶者の収入が 103 万円を超える場合でも，収入が 141 万円以下であれば，配偶者の基礎控除額以外に，配偶者特別控除が適用される．つまり，一定の収入の世帯に対して，世帯主の基礎控除，配偶者の基礎控除に加えて，配偶者控除（あるいは配偶者特別控除）が適用される．一方で，移転的基礎控除の制度のもとでは，配偶者の所得が基礎控除額を下回る場合，基礎控除と配偶者の所得の差額が世帯主の所得から控除される．

例えば，世帯主が正規職員，配偶者が非正規職員で，30 万円の給与所得を得ているとする．この場合，配偶者が自身の所得から 30 万円を控除できるだけでなく，基礎控除額 38 万円と配偶者に適用された控除額 30 万円の差額である 8 万円を世帯主の控除に移転できる制度である．配偶者に対して 30 万円の控除が適用され，世帯主には 46 万円の控除が適用されるため，夫婦で適用される控除の金額は 76 万円となる．

図 5-2 からも分かるとおり，移転的基礎控除のもとでは配偶者に適用される基礎控除額が増加するにつれ，世帯主の移転分が減額されるため，結果として，適用される控除額は専業主婦世帯や夫婦ともに正規職員である世帯の

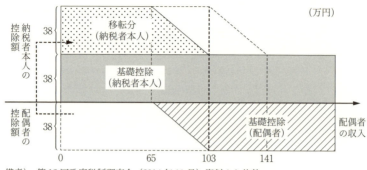

図 5-2　移転的基礎控除制度

控除額と同じとなる．したがって，移転的基礎控除制度のもとでは，二重控除の問題を解消することができる．

　これまで指摘してきたように，配偶者控除制度には 103 万円の意識的な壁や二重控除などのさまざまな問題が存在していた．これらの点について税制調査会でも度重なる議論が行われ，2014 年 11 月に発表された「働き方の選択に対して中立的な税制の構築をはじめとする個人所得課税改革に関する論点整理（第一次レポート）」では，働き方に対して中立的な税制の構築に当たっての選択肢として，①配偶者控除の廃止と子育て支援の拡充，②配偶者控除の適用に所得制限を設けるとともに子育て支援を拡充，③移転的基礎控除の導入と子育て支援の拡充，④移転的基礎控除の導入・税額控除化と子育て支援の拡充，⑤「夫婦世帯」を対象とする新たな控除の導入と子育て支援の拡充の 5 つの案が提示された．

　しかしその後，諸外国では配偶者の存在を考慮した仕組みを設けていない国が少ないことや扶養義務との関係で配偶者控除を廃止することが困難であること，新たな控除の創設については高所得者の夫婦世帯にまで配慮を行うことになるため，多額の財源が必要になることを挙げ，これらの改革は見送られた．最終的に 2018 年以後の所得税において，配偶者の合計所得金額が 150 万円（2017 年以前は 103 万円）以下であれば 2017 年以前の配偶者控除

額と同額の 38 万円の控除が利用できることとなった．それに加え，所得再分配の観点から配偶者控除と配偶者特別控除双方に，控除を受ける納税者本人の所得額によって控除額が逓減するような所得制限が設けられた．具体的には表 5-1 および表 5-2 に改正前後の所得税の配偶者控除および配偶者特別控除の制度をまとめている[2]．配偶者控除については 2017 年以前の税制のもとでも控除を受ける納税者本人の合計所得金額が 1,000 万円を超える場合は配偶者控除を受けることができなかった．2018 年以降は新たに合計所得金額が 900 万円から 1,000 万円の間で控除額が徐々に減少するような制度に変更された．具体的には納税者本人の合計所得金額が 900 万円を超えると配偶者控除額が 38 万円から 26 万円に，950 万円を超えるとさらに 13 万円に減額される[3]．

配偶者特別控除制度についても大幅な変更が行われた．配偶者特別控除制度は配偶者に 38 万円を超える所得がある場合，つまり配偶者控除が適用されない場合でも配偶者の所得金額に応じて一定の金額の控除が受けられる制度である．表 5-2 に示すとおり，配偶者特別控除は配偶者本人の所得金額が増加するにつれて控除額が減額される制度であり，2017 年以前は配偶者の合計所得金額が 38 万円超 76 万円未満の場合に控除が適用された[4]．2018 年以降の制度では，配偶者控除と同様に納税者の所得に応じた控除の減額制度が設けられたことに加え，控除額の減額対象となる配偶者の所得区分が変更された．とくに後者の配偶者の所得区分は大幅に変更されており，配偶者控

---

[2] 所得税と同様に所得を課税ベースとする個人住民税に関してもほぼ同様の改革が行われており，2019 年以降の所得より変更後の制度が適用される．ただし，配偶者控除の控除額は 33 万円である点，制度変更前の配偶者控除額が適用される配偶者の合計所得金額が 90 万円（給与収入の場合は 155 万円）以下である点など所得税と若干異なっている．

[3] 老人控除対象配偶者の場合は，納税者本人の合計所得金額が 900 万円を超えると 48 万円から 32 万円に，950 万円を超えると 16 万円に減額される．

[4] 配偶者控除と同様に納税者本人の合計所得金額が 1,000 万円を超える場合は控除が適用されない．

表5-1 税制改正前後の配偶者控除制度

		控除を受ける納税者本人の合計所得金額		
		900万円以下	950万円以下	1,000万円以下
2017年以前	控除対象配偶者	38万円	同左	同左
	老人控除対象配偶者	48万円	同左	同左
2018年以後	控除対象配偶者	38万円	26万円	13万円
	老人控除対象配偶者	48万円	32万円	16万円

表5-2 税制改正前後の配偶者特別控除制度

			控除を受ける納税者本人の合計所得金額		
			900万円以下	950万円以下	1,000万円以下
2017年以前	配偶者の合計所得金額	38万円超	38万円	同左	同左
		40万円以上	36万円	同左	同左
		45万円以上	31万円	同左	同左
		50万円以上	26万円	同左	同左
		55万円以上	21万円	同左	同左
		60万円以上	16万円	同左	同左
		65万円以上	11万円	同左	同左
		70万円以上	6万円	同左	同左
		75万円以上	3万円	同左	同左
		76万円以上	0円	同左	同左
2018年以後	配偶者の合計所得金額	38万円超	38万円	26万円	13万円
		85万円超	36万円	24万円	12万円
		90万円超	31万円	21万円	11万円
		95万円超	26万円	18万円	9万円
		100万円超	21万円	14万円	7万円
		105万円超	16万円	11万円	6万円
		110万円超	11万円	8万円	4万円
		115万円超	6万円	4万円	2万円
		120万円超	3万円	2万円	1万円
		123万円超	0円	0円	0万円

除と同額の控除額（38万円）が適用される配偶者の所得区分が2017年以前の38万円超40万円未満から38万円超85万円まで拡大された．それに応じて他の所得区分においても，控除が適用される配偶者の所得金額が拡大されており，配偶者特別控除が適用される配偶者の所得金額が2017年以前の38万円超76万円未満から38万円超123万円以下に変更されている．この制度

変更によって103万円の壁は取り払われ，給与収入のみを得ている配偶者であれば給与収入が150万円以下の場合，2017年以前の配偶者控除額38万円と同額の控除が適用される[5][6]．

上述のように配偶者控除に関する税制改革は一応の決着を見たが，今回の税制改革による所得要件の引き上げのみではあらたに150万円の給与収入の時点で壁が発生する可能性がある．また就業の有無や就業形態の違いによる不公平は是正されていないため依然として二重控除の問題が残っているなど，今回の税制改革が十分なものであるとは言えない．

そこで本章では，税制の中立性や公平性の観点から実際には行われなかったものの，制度改革案として議論されていた配偶者控除の廃止および移転的基礎控除の導入を行った場合，配偶者の労働供給や税負担額にどのような影響を及ぼしていたかを検証する．これらの制度は2017年以前の配偶者控除制度のもとで議論されていた改革案であるため，シミュレーションにおいてもベースラインの税制として2017年以前の税制である2015年の配偶者控除制度を使用する．

また移転的基礎控除制度については図5-2で示した制度を用いる．具体的には，世帯の移転的基礎控除の金額を世帯主と配偶者の基礎控除の合計額である76万円に設定する．そして，配偶者に給与所得が発生した場合（収入が65万円を超過した場合），世帯主のそれまでの控除額である76万円から，配偶者の給与所得の額だけ控除額を減少させる．この時，同時に配偶者の所得から，配偶者の所得と同額の控除を差し引く．ただし，配偶者の所得が38万円以上である場合は，世帯主，配偶者それぞれの所得から38万円の控除を差し引く．

---

5) 給与収入のうち，65万円は給与所得控除として差し引かれるため，給与収入の場合は，38万円の配偶者特別控除が適用される上限は150万円となる．

6) 適用される控除額は同額であるが，今回の税制改正では配偶者控除の配偶者の所得要件に変更は加えられておらず，38万円の控除額が適用される所得要件の変更は配偶者特別控除の制度変更によるものである．

3. 既存研究と本章の位置づけ

配偶者の労働供給を取り扱った研究は，国内でも活発に議論されてきた．なかでも，本章と同じく税制と既婚女性の労働供給との関係を分析した既存研究として，Akabayashi (2006)，安部・大竹 (1995)，大石 (2003)，高橋 (2010)，森・浦川 (2009) がある．

Akabayashi (2006) は，1995 年の厚生労働省『パートタイム労働者総合実態調査』を用いて，日本税制の非線形な予算制約線のもとでの既婚女性の労働供給を，構造推定を用いて明らかにしている．分析の結果，配偶者控除を撤廃した場合，既婚女性の労働時間が 5.6% 伸びることを示唆している．

安部・大竹 (1995) は厚生労働省『パートタイム総合実態調査』の年間パート所得，年間パート労働時間，配偶関係，学歴データを使用し，配偶者控除が未婚女性と既婚女性に与える効果を検証している．未婚パート労働者を control group とし，既婚のパート労働者を treatment group として検証した結果，世帯主の所得によってパート労働者の所得分布に散らばりがあるものの，所得税の課税最低限で既婚のパート労働者が所得調整と労働時間調整を行っていることを実証的に明らかにしている．

大石 (2003) では，厚生労働省『国民生活基礎調査』の 1998 年の個票データを使用し，就業と非就業の有無によるプロビットモデルで推定を行っている．その結果，配偶者控除による就業抑制効果が生じていることを明らかにし，非正規職員は配偶者控除によって賃金が上昇しても労働時間を短縮して就業調整を行っていることを示した．

また，高橋 (2010) では，1994 年から 2003 年までの家計経済研究所『消費生活に関するパネル調査』を用いて，既婚女性の労働供給関数を，予算制約線の非線形性を明示的にモデル化した構造推定を用いて推定し，配偶者控除を廃止した税制改革と収入に関係なくすべての人が社会保険料を支払う社会保障制度改革の 2 つの制度改革のシミュレーションを行っている．分析の

結果，配偶者控除を完全に廃止する政策は，労働供給を 0.7% だけ上昇させるとしている．

上記の分析では，配偶者控除に関する改革と女性の労働供給の関係について分析を行っている．しかし，就労にともなう固定費用の存在を考慮に入れておらず，配偶者控除，配偶者特別控除の廃止によって，既婚女性の労働供給が減少する効果については考慮に入れていない．

労働供給を変化させる効果として，労働時間の選択，つまりすでに働いている配偶者が労働時間を変更する効果（intensive margin）だけでなく就労の選択，つまり現在働いている配偶者が就労をやめる，あるいは無職の配偶者が新たに労働市場に参加する効果（extensive margin）の2つの側面がある．配偶者控除の廃止といった税制改革は，労働時間の選択と就労の選択の双方の影響も含めて，配偶者の労働供給に影響を及ぼすと考えられる．労働時間増加の効果が限定的であり，就労抑制効果が大きく働く場合，税制改革によって，労働供給が減少する可能性がある．

上記の問題に対処した分析手法として，離散選択型（discrete choice）モデルが挙げられる．この手法は，労働時間を外生的にいくつかの選択肢として与え，モデル内の個人（あるいは家計）はその選択肢の中から労働時間を選択するというものである．労働時間を連続的に選択するモデルよりも非線形，非凸の予算制約への対処が容易であること，労働者の労働時間の選択（intensive margin）だけでなく，新たに労働市場に参加する，あるいは退出するといった就業の選択（extensive margin）を考慮にいれることができること，労働の金銭的，心理的固定費用の存在も考慮に入れたうえで分析できるといったメリットがある（Creedy and Kalb（2006），Labeaga, Oliver and Spadaro（2008））．

例えば，Labeaga, Oliver and Spadaro（2008）は，労働者には離散選択型モデルを，年金所得者や学生などの非労働者には算術的モデルを用いて，スペインで 1999 年に行われた所得税改革の影響を効率性と社会的厚生の観点から分析している．さらに，仮想的な税制である2種類のフラットタックス

(Basic Income-Flat Tax: BIFT と Vital Minimum-Flat Tax: VMFT) を導入した際の影響についても同様の分析を行い，1999 年の制度改革は経済の効率性にあまり影響を与えないが，BIFT のシミュレーションでは，もっとも貧しい家計の厚生が大きく上昇することを示している．

そこで本章では，離散選択型モデルを用いて，配偶者控除制度の税制改革による配偶者の労働供給の変化を明らかにする．まず，世帯主および配偶者の賃金に対し，給与所得控除，基礎控除，配偶者控除，扶養控除を考慮した上で，税引後賃金率を算出する．次に，配偶者控除の制度改革にともなう配偶者の労働供給の変化を明らかにするために，家族構成や就業形態をコントロールしたうえで，世帯主の賃金と配偶者の賃金そして余暇をもとに効用関数のパラメータを推定し，女性の労働供給の変化の有無および程度について検証を行う．

また，高橋 (2010) のように，日本の女性の労働供給の分析には，たびたびパネルデータが用いられることもある．しかし，本章の分析の目的は，ライフサイクルの配偶者の労働供給の変化を推定したり，すでに行われた税制改革の評価を行うことにあるのではなく，仮想的な制度改革のシミュレーションを行うことで，配偶者の労働供給がどのように変化するかを評価することにある．したがって，離散選択型モデルの既存研究である van Soest (1995) や Labeaga, Oliver and Spadaro (2008) と同様に，クロスセクションのデータを使用して，パラメータの推定およびシミュレーション分析を行う．

4. 分析手法

4.1 推定モデル

本章では van Soest (1995) に始まる離散選択型の労働供給モデルを用いる．離散選択型のモデルでは，就業者はいくつかの選択肢の中から労働時間を決定する．ここでは，家計 i の配偶者の選択肢として，J 個の労働供給の選択肢 $\{h_{ij} : j=1, 2, \cdots J\}$ を設定する．個人が使用できる総時間を T，労働

時間を h_{ij} とすると，配偶者の余暇は $l_{ij}=T-h_{ij}$ と表現できる．ここで，労働供給を変化させるのは配偶者のみとし，世帯主の労働供給は一定とする．各家計が可処分所得 y_{ij} と余暇 l_{ij} から効用を得るとすると，家計 i の効用関数は (1) 式で表すことができる．

$$u_{ij}=u(y_{ij}, l_{ij}, \mathbf{Z}_i)+\varepsilon_{ij} \tag{1}$$

ここで，$u(y_{ij}, l_{ij}, \mathbf{Z}_i)$ は効用のうち観察可能な確定項，$\mathbf{Z}_i$ は家計の世帯属性であり，ε_{ij} は加法的な誤差項である．夫の税引前所得を I_i，配偶者の税引前賃金率を W_i，児童手当給付額を $\delta(I_i, W_ih_{ij}, \mathbf{Z}_i)$，世帯の税および社会保険料を $t(I_i, W_ih_{ij}, \mathbf{Z}_i)$ とすると，労働供給 h_{ij} を選んだ時の可処分所得 y_{ij} は以下の式のとおりとなる．

$$y_{ij}=I_i+W_ih_{ij}+\delta(I_i, W_ih_{ij}, \mathbf{Z}_i)-t(I_i, W_ih_{ij}, \mathbf{Z}_i) \tag{2}$$

各家計は (2) 式の予算制約のもとで (1) 式の効用を最大化する可処分所得と余暇の組み合わせ (y_{ij}, h_{ij}) を選択する．ここで，ある労働時間 h_{ik} を選択したときの効用 u_{ik} が，他の労働時間を選択したときの効用よりも大きいとする．すなわち

$$u_{ik}>u_{im} \quad for\ all\ m \tag{3}$$

が成り立てば，効用最大化の結果として，労働時間 h_{ik} が選択される．

本章では，効用関数のパラメータを推定するために，van Soest (1995) にならって，効用関数を以下の2次関数に特定化する．

$$u(y_{ij}, l_{ij}, \mathbf{Z}_i)=\alpha_{yy}[y_{ij}]^2+\alpha_{ll}[l_{ij}]^2+\alpha_{yl}y_{ij}l_{ij}+\beta_y y_{ij}+\beta_l l_{ij}+\Phi \cdot 1\{h_{ij}>0\} \tag{4}$$

α および β が推定されるパラメータである．ここで，Φ は労働にともなう固定費用である．固定費用は働くことによる金銭的，非金銭的費用を示したものであり，労働時間がゼロの場合はゼロ，労働時間が正の値であれば1の

値をとるダミー変数である．例えば，求職のために必要な交通費や求職情報を得るための時間，あるいは労働によって小さい子どもの世話をできないというような心理的な負い目などが固定費用には含まれると考えられる．またβ_{yi}, β_{li}, Φ_iは世帯属性と線形の関係にあるとする．

$$\beta_y = \beta_{y0} + \boldsymbol{\beta}'_y \boldsymbol{Z}_i \tag{5}$$

$$\beta_l = \beta_{l0} + \boldsymbol{\beta}'_l \boldsymbol{Z}_i \tag{6}$$

$$\Phi = \Phi_0 + \boldsymbol{\Phi}' \boldsymbol{Z}_i \tag{7}$$

可処分所得の係数β_yと余暇の係数β_lは，純粋な所得（あるいは余暇）の影響と世帯属性$\boldsymbol{Z}_i$との交差項からなる[7]．誤差項ε_{ij}が極値第Ⅰ分布に従うとすると，条件付きロジットモデルとして，最尤法を用いることで，(4)式から(7)式のパラメータを直接推定することができる．

4.2 データ

まず，本章の分析で行う具体的な手順を図5-3に示す．本章で，使用する主なデータは，2004年の全消匿名データの2人以上世帯である．

本章では，配偶者控除に関する制度変更の労働供給への影響を分析するため，就業者が少ないと考えられる60歳以上の世帯および配偶者が存在しない世帯は分析から除外している．また，全消匿名データの世帯主の「職業符号」が商人及び職人，個人経営者，農林漁業従事者，法人経営者，自由業者，その他をとる世帯は収入に関するデータが存在しないためサンプルから除外する．その結果，本章で扱うサンプル数は1万9,183世帯となる．

[7) ここで，所得と余暇の交差項となる世帯属性は，配偶者の年齢，3大都市圏ダミー，持ち家の有無，住宅ローンの有無，子の数（6歳未満，6歳以上15歳未満），高齢者数であり，固定費用の交差項となる世帯属性は子の数（6歳未満，6歳以上15歳未満）とする．

第5章 配偶者控除制度と有配偶女性の労働供給の変化　　143

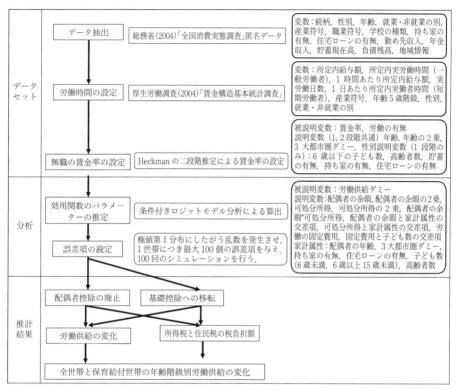

備考）　筆者作成.

図 5-3　分析の手順

4.2.1　労働時間の設定

　本章の分析では労働時間として，全消匿名データと 2004 年の賃金センサスを用いてマッチングを行うことで得られた労働時間を使用する[8]．なお，第 4 章では労働時間のマッチングに基礎調査匿名データを用いたが，マイクロデータを用いて，2 人以上世帯でマッチングを行うとマッチングの項目が多くなるために，うまく労働時間を与えることができない．

　例えば，世帯員数だけでも 2 人世帯から 8 人世帯の 7 通り，年齢の組み合

---

8) 全消匿名データには収入データはあるものの，労働時間データはない．

わせは，世帯主と配偶者それぞれに20歳から59歳まで5歳階級ごとで8通りある．世帯主と配偶者の年齢の組み合わせは8×8＝64通り，世帯人員数と年齢を組み合わせるだけでも7×64＝448通りあるため，その他の所得や産業などを含めると2つのマイクロデータのマッチングによって，変数を与えることはきわめて困難である．

したがって，本章では，労働時間のマッチングに基礎調査匿名データではなく，集計データである賃金センサスを用いる．まず，全消匿名データには，各世帯員に「就業・非就業の別」のデータが存在する．このデータ項目は就業であれば1，パートであれば2の値が与えられている．そこで，マッチングを行うにあたって，「就業・非就業の別」が「1」である世帯員を正規職員，「2」である世帯員を非正規職員と考える．次に，全消匿名データと賃金センサスの産業，年齢，性別の属性が一致すれば，正規職員には賃金センサスの「所定内実労働時間」のデータを労働時間として与え，非正規職員には賃金センサスの「実労働日数」に「1日あたり所定内実労働時間数」を乗じた値を労働時間として与える．賃金センサスは月単位の労働時間であるので，12を乗じることによって，年間労働時間とする．

4.2.2 税引前賃金率

離散選択型の労働供給モデルを考えるにあたり，労働供給の選択肢ごとの税引前所得の算出には，時間あたりの賃金率を入手する必要がある．本章では，税引前所得を労働時間で除することで，税引前賃金率を算出する．ここで，各世帯員の税引前所得は第1章で算出した年間給与収入を用いる．

なお，無職の世帯員には，既存研究に従い，以下のように，Heckmanの2段階推定を行い，その当てはめ値を税引前賃金率として用いる（van Soest (1995)，Labeaga, Oliver and Spadaro (2008)）．

まず，それぞれの税引前所得とマッチングによって設定した労働時間のデータを使用し，税引前賃金率（＝税引前所得／労働時間）を導出する．次に，観測された賃金率を被説明変数とし，年齢，年齢の2乗，3大都市圏ダミー，

性別を説明変数とし，賃金関数のパラメータを推定する[9]．なお，1段階目の推定については，2段階目で用いる4つの説明変数に加えて，6歳以下の子の数，65歳以上の高齢者数，貯蓄の有無，持ち家の有無，住宅ローンの有無を変数として使用する．

4.2.3 可処分所得の計算

本節では，労働供給の選択肢ごとの税負担額および社会保険料の算出方法を説明する．なお，労働供給の選択肢については，後述する．

ここで，世帯主の労働供給は変化しないと仮定しているので，世帯主の税引前所得は一定である[10]．配偶者の税引前所得は税引前賃金率と労働供給を乗じ，労働供給の選択肢ごとに求める．所得税と個人住民税の税負担額および社会保険料については，第1章5節の手法を用いて，2015年税制を適用することで求める．世帯主と配偶者の税引前所得および児童手当の和から，所得税，個人住民税，社会保険料を差し引くことで，世帯の可処分所得 y_{ij} を算出することができる[11]．

表5-3は，以上の処理を行うことで得られた本章の分析で用いる変数の記述統計である．

4.3 推定方法

本章では，世帯主の収入を一定として，配偶者控除制度の変更による配偶

---

9) 3大都市圏は関東，中京および京阪神をさす．
10) 本章の分析では，配偶者の所得によって控除額が変化する配偶者控除と配偶者特別控除を適用していることに加えて，それぞれの労働供給の選択肢において，世帯主と配偶者の税引前所得が高い世帯員に配偶者控除と扶養控除を適用している．そのため，世帯主の税引前所得は変化しないが，世帯主の課税後所得は各選択肢によって異なる可能性がある．
11) 子がいる世帯については，児童手当の給付額を計算する．児童手当額は，ゼロ歳から3歳未満の子は1万5千円，3歳以上中学生までの子については1万円（ただし，第3子以降は1万5千円）である．しかし児童手当には所得制限が課されており，所得が所得制限限度額以上の場合には特例給付として一律5千円が給付される．

表 5-3　記述統計

	平均	標準偏差	最小値	最大値
可処分所得（万円）	607.99	241.52	12	2316.914
配偶者の余暇（時間）	5081.29	805.14	3890	5840
配偶者の年齢	42.39	8.85	17	57
3大都市圏ダミー	0.43	0.49	0	1
持ち家ダミー	0.72	0.45	0	1
住宅ローンダミー	0.42	0.49	0	1
子ども数（6歳未満）	0.32	0.61	0	4
子ども数（6歳以上15歳未満）	0.59	0.85	0	5
高齢者数	0.21	0.52	0	3

者の労働供給および家計の収入の変化を検証する．被説明変数として，正規職員，非正規職員，無職に区分した労働時間を使用する．なお，非正規職員については，正規職員よりも労働時間の分布が広く，実際に正規職員よりも柔軟に労働供給を変化できると考えられるため，非正規職員にあたる労働供給の選択肢を2つに設定した．

具体的には，無職はゼロ時間と設定し，マッチングによって与えた労働時間がゼロ時間超1,200時間未満の場合は労働時間を1,100時間に設定し，1,200時間以上1,500時間未満の場合は1,300時間，1,500時間以上の場合は2,000時間とすることで，4通りの労働供給の選択肢を設定した[12]．それぞれの労働供給の選択肢における余暇は総時間 T を5,840時間（＝16時間×365日）として求めている．

説明変数には，可処分所得および配偶者の余暇を使用する．コントロール変数には，配偶者の年齢，3大都市圏ダミー，持ち家の有無，住宅ローンの有無，子の数（6歳未満，6歳以上15歳未満），高齢者数を採用する．なお，固定費用 Φ は子の数（6歳未満，6歳以上15歳未満）に依存すると仮定する．

各家計は上記の4つの選択肢のもとで，(1) 式を最大化する．ここで，(1) 式の誤差項 ε_{ij} が極値第I分布に従うとする．家計 i が効用 u_{ik} を最大化する

---

[12] 労働時間がゼロ時間であれば無職，労働時間が1,100時間か1,300時間であれば非正規職員，労働時間が2,000時間であれば正規職員とする．

労働供給 h_{ik} を選択していると仮定すると，家計 i が労働供給 h_{ik} を選択する確率は以下の（8）式で表すことができる．

$$\Pr[u_{ik} > u_{is} \text{ for all } k \neq s] = \frac{\exp(u(y_{ik}, l_{ik}, \boldsymbol{Z}_i))}{\sum_{m=1}^{4} \exp(u(y_{im}, l_{im}, \boldsymbol{Z}_i))} \quad (8)$$

ここで，$u_{im} = u(y_{im}, l_{im}, \boldsymbol{Z}_i) + \varepsilon_{im}$ である．この時，(4) 式は，条件付きロジットモデルとして，最尤法によって，パラメータを推定することができる．

以上の方法で設定した可処分所得，労働時間等の変数を用いて推定を行った結果は表 5-4 のとおりである．以降のシミュレーションでは，表 5-4 の係数を効用のパラメータとして用いる．

4.4 シミュレーション

本章では，配偶者控除が女性の労働供給に与える影響をシミュレーションによって明らかにする．条件付きロジットモデルで得られたパラメータと誤差項 ε_{ij} を使用し，(3) 式の効用関数から各世帯の選択肢ごとの効用を算出する．以下では本章のシミュレーションの方法について述べる．

まず，(3) 式の誤差項 ε_{ij} をカリブレーションによって求める．具体的には，極値第Ⅰ分布に従う乱数を発生させ，世帯ごとに労働供給の選択肢と同数の J 個の誤差項を得る[13]．得られた誤差項と条件付きロジットモデルのパラメータを用いると選択肢ごとの効用を算出できる．ここで，データで観測された労働供給の選択肢の効用が，他の選択肢の効用と比較して，最大となる場合，この J 個の誤差項の組み合わせは成功として保存する．観測された選択肢以外の労働供給のもとで効用が最大となる場合は，新たな J 個の誤差項を発生させ，成功の誤差項の組み合わせが得られるまで同様の作業を行う．同様の作業を 300 回行っても成功の誤差項が得られなければ，その家計はシミュレーションから除外する．各家計につき，成功した誤差項の組み合

---

13) 本章では，労働供給の選択肢を 4 つに設定しているため，$J=4$ である．

表 5-4　推定結果

可処分所得	−0.0265***
	−0.0021
可処分所得×可処分所得	2.29.E−05***
	−6.86.E−07
配偶者の余暇	−0.0105***
	−0.0016
配偶者の余暇×配偶者の余暇	1.06E−06***
	−1.88E−07
可処分所得×配偶者の余暇	5.55E−06***
	−1.62E−07
可処分所得	
×配偶者の年齢	−0.0006***
	−3.92E−05
×3大都市圏ダミー	−0.0042***
	−0.0005
×持ち家ダミー	0.0052***
	−0.0008
×住宅ローンダミー	−0.0014**
	−0.0006
×子ども数（6歳未満）	0.0037***
	−0.0006
×子ども数（6歳以上15歳未満）	−0.0036***
	−0.0003
×高齢者数（65歳以上）	0.0003
	−0.0005
余暇	
×配偶者の年齢	−5.53E−05***
	−4.52E−06
×3大都市圏ダミー	−9.91E−05*
	−5.77E−05
×持ち家ダミー	0.0004***
	−8.63E−05
×住宅ローンダミー	−0.0004***
	−6.73E−05
×子ども数（6歳未満）	0.0003***
	−0.0001
×子ども数（6歳以上15歳未満）	9.43E−05**
	−4.72E−05
×高齢者数（65歳以上）	−0.0003***
	−5.47E−05
固定費用	0.2260
	−0.4320
×子ども数（6歳未満）	−1.1110***
	−0.1050
×子ども数（6歳以上15歳未満）	0.7010***
	−0.0507
対数尤度	−21073.968
サンプルサイズ	76,732

備考）　***, **, * はそれぞれ有意水準 1%, 5%, 10% であることを示す．推定結果の下段は標準偏差である．

わせを最大100個生成し，その誤差項を用いた100回のシミュレーションの平均の結果について制度変更の評価を行う[14]．

M字カーブの原因である子育て世代の労働供給の変化は女性の労働供給の促進の点からとくに重要である．そこで，全体の影響とは別に子育て世代における女性の労働供給に焦点を当てた結果についても検討する．なお，本研究で取り上げるパターンを以下で示す．

モデル1では配偶者控除および配偶者特別控除の廃止，モデル2では2015年税制の配偶者控除と配偶者特別控除から移転的基礎控除への移行による税負担額の変化と労働供給の変化を年齢階級別に全世帯のケースと，とくに子育てに手が掛かるため労働することが難しいと考えられるゼロ歳から6歳までの子どもがいる保育給付世帯のケースに分けて検証する．

なお，労働供給の変化をパターン1からパターン6に分類し，それぞれの結果を示す．パターン1は労働供給に対する効果，パターン2は労働供給の抑制効果，パターン3は労働供給の促進効果を表す．ここで，抑制効果として，制度変更後に労働供給を減少させた世帯が全世帯に占めるシェア，促進効果として制度変更後に労働供給を増加させた世帯が全世帯に占めるシェアを用いる．パターン1の労働供給に対する効果とは，抑制効果と促進効果の和とする．つまり，増加，減少にかかわらず，制度変更によって労働供給を変化させた世帯のシェアを表す．

また，労働供給の促進効果については，以下の3つのパターンが考えられる．つまり，無職から非正規職員への移行，無職から正規職員への移行，非正規職員から正規職員への移行である[15]．無職から非正規職員へ移行した世

---

14) 誤差項の発生作業，シミュレーションの試行回数ともに作業回数を倍にした場合の結果も算出したが，結果に大きな変化がなかった．
15) 無職から非正規職員への移行は，労働供給がゼロ時間から1,100時間あるいは1,300時間に変化することを意味し，無職から正規職員への移行は労働供給がゼロから2,000時間に変化することを意味する．また，非正規職員から正規職員への移行は労働供給が1,100時間あるいは1,300時間の状態から2,000時間に変化することを意味する．

帯が全世帯に占めるシェアをパターン4，無職から正規職員へ移行した世帯が全世帯に占めるシェアをパターン5，非正規職員から正規職員へ移行した世帯が全世帯に占めるシェアをパターン6として結果を示す[16]．

5．推定結果

　全世帯と保育給付世帯に分け，配偶者控除の廃止と移転的基礎控除への移行によって生じる影響を，税負担額の変化ならびに女性の労働供給の変化から年齢階級別に検証し，表5-5で示す．

　推定結果1は税負担額の変化率を示している．モデル1の全世帯における税負担額の変化率は，年齢階級が低いほど大きい．これは年齢階級の低い世帯は世帯の収入が低く，もともとの税負担額も低いためであると考えられる．具体的には，2015年税制のもとで，それぞれの年齢階級ごとの税負担額は，29歳までが34.9万円，30～39歳までが55.3万円，40～49歳までが88万円，50～59歳までが111万円と，29歳までの階級と50歳以上の階級で70万円以上の差がある．

　一方で，配偶者控除を廃止したシミュレーションのもとで，それぞれの年齢階級の税負担の増加額は，もっとも低い29歳までの階級で4.9万円，もっとも高い50歳以上の階級で7.2万円と，もともとの税負担額の差を考慮にいれると，税負担の増加額にはそれほど差がないことから，上記の結果が得られたと考えられる．

　保育給付世帯の年齢階級別の変化は全世帯とほぼ同様の傾向が認められるものの，変化率の値はモデル1では全世帯よりも大きく，モデル2では全世帯よりも小さい．

　まず，モデル1では全世帯と同様に，年齢階級が低くなるほど，税負担額の変化率が大きくなる．これは，保育給付世帯には，子育てのために労働を

---

[16] 非正規職員の選択肢2から非正規職員の選択肢3に移行する世帯も存在するため，パターン4からパターン6の和とパターン3の値は必ずしも一致しない．

第5章 配偶者控除制度と有配偶女性の労働供給の変化　　151

表5-5　シミュレーション結果

	推定結果1			
	モデル1		モデル2	
	全世帯 税負担額の変化率	保育給付対象世帯 税負担額の変化率	全世帯 税負担額の変化率	保育給付対象世帯 税負担額の変化率
全世帯	0.0845	0.1334	0.0107	0.0078
～29歳	0.1419	0.1956	0.0114	0.0098
30～39歳	0.1126	0.1258	0.0096	0.0070
40～49歳	0.0728	0.0827	0.0133	0.0092
50歳以上	0.0646	0.1037	0.0081	0.0134

	推定結果2					
	全世帯			保育給付対象世帯		
モデル1	パターン1 労働供給全変化	パターン2 労働供給抑制	パターン3 労働供給促進	パターン1 労働供給全変化	パターン2 労働供給抑制	パターン3 労働供給促進
全世帯	0.0175	0.0004	0.0171	0.0090	0.0001	0.0089
～29歳	0.0102	0.0000	0.0102	0.0098	0.0000	0.0098
30～39歳	0.0135	0.0001	0.0133	0.0087	0.0001	0.0086
40～49歳	0.0206	0.0004	0.0202	0.0090	0.0004	0.0085
50歳以上	0.0237	0.0012	0.0224	0.0073	0.0000	0.0073
	全世帯			保育給付対象世帯		
モデル2	パターン1 労働供給全変化	パターン2 労働供給抑制	パターン3 労働供給促進	パターン1 労働供給全変化	パターン2 労働供給抑制	パターン3 労働供給促進
全世帯	0.0058	0.0043	0.0016	0.0033	0.0024	0.0009
～29歳	0.0032	0.0023	0.0009	0.0026	0.0020	0.0007
30～39歳	0.0041	0.0028	0.0013	0.0034	0.0024	0.0010
40～49歳	0.0085	0.0064	0.0021	0.0058	0.0048	0.0009
50歳以上	0.0057	0.0043	0.0014	0.0081	0.0062	0.0019

	推定結果3					
	全世帯			保育給付対象世帯		
モデル1	パターン4 無職から非正規職員	パターン5 無職から正規職員	パターン6 非正規職員から正規職員	パターン4 無職から非正規職員	パターン5 無職から正規職員	パターン6 非正規職員から正規職員
全世帯	0.0088	0.0059	0.0019	0.0036	0.0040	0.0010
～29歳	0.0043	0.0047	0.0010	0.0039	0.0050	0.0007
30～39歳	0.0069	0.0046	0.0014	0.0036	0.0037	0.0010
40～49歳	0.0107	0.0064	0.0027	0.0037	0.0031	0.0016
50歳以上	0.0118	0.0083	0.0020	0.0019	0.0031	0.0019
	全世帯			保育給付対象世帯		
モデル2	パターン4 無職から非正規職員	パターン5 無職から正規職員	パターン6 非正規職員から正規職員	パターン4 無職から非正規職員	パターン5 無職から正規職員	パターン6 非正規職員から正規職員
全世帯	0.0000	0.0000	0.0013	0.0000	0.0000	0.0007
～29歳	0.0000	0.0000	0.0007	0.0000	0.0000	0.0005
30～39歳	0.0000	0.0000	0.0009	0.0000	0.0000	0.0007
40～49歳	0.0000	0.0000	0.0019	0.0000	0.0000	0.0009
50歳以上	0.0000	0.0000	0.0012	0.0000	0.0000	0.0019

行っていない配偶者が多く，配偶者控除が適用されていた世帯が多いためである．また，就業形態の変化を示した推定結果3を見ると，モデル1の保育給付世帯では，無職から正規職員に転じる世帯が多い．したがって，世帯主に対して配偶者控除が適用されなくなることによる増税に加えて，配偶者自身が個人所得課税を納税するようになった世帯が多いため，税負担額の変化率が大きいという結果が得られた．

モデル2の全世帯における税負担額の変化率は，40歳から49歳がもっとも大きく，次いで29歳未満が続く．しかし，変化率の値はモデル1よりも小さい．モデル1との大きな違いは，移転的基礎控除は配偶者が専業主婦で，労働をまったく行っていない世帯には影響を与えないことである．その結果，それらの世帯の労働供給の変化がないため，税負担にも大きな影響はなかった．

保育給付世帯は，全世帯と同じように配偶者の年齢階級が低いほど変化率が大きいものの，その値は全世帯よりも小さい結果となった．これも，保育給付世帯は子育てのために，労働を行っていない世帯が多く，移転的基礎控除の影響を受けなかったためだと考えられる．

推定結果2は，労働供給の変化を示している．モデル1の結果から，配偶者の年齢階級が低いほど，配偶者控除制度の廃止による影響は小さいことが示された．これは，年齢階級が高いほど世帯主の賃金水準が高いためである．日本の所得税制は超過累進税率を採用しているため，所得が高くなるほど，納税者が直面する限界税率が高くなる．控除による税率のブラケットの変更が生じない場合，控除の存在によって限界税率に控除額を乗じた金額が減税される．つまり，限界税率の高い高所得者ほど，控除による税負担の軽減額が大きい．したがって，賃金水準の高い40代や50代では，配偶者控除の廃止による増税額が大きく，それにともない，労働供給も大きく変化したと考えられる．

また，労働供給の促進と抑制の効果に着目すると，労働供給を抑制する効果が40歳から49歳に認められるものの，大半が促進の効果を示している．

保育給付世帯で検証したところ，全世帯とは逆に，年齢階級が低いほど変化率は大きいという結果が得られた．したがって，保育給付世帯に対しては，M字カーブの底の部分に当たる20代から30代の労働供給の促進に一定の効果があることが示された．

モデル2では，モデル1とは異なり，労働供給の抑制効果が促進効果を上回っている．促進効果がそれほど増加しないのは，先にも述べたとおり，移転的基礎控除が，アルバイトやパートも行っていない無職の配偶者がいる世帯に対して，影響を与えないためである．また，抑制効果が大きいのは，所得を得ており，配偶者控除あるいは配偶者特別控除の対象となる非正規職員の配偶者が労働を抑制したためである．

2017年以前の配偶者控除制度のもとでは，配偶者の所得が38万円を超えるまでは，配偶者の所得にかかわらず，世帯主の所得から38万円を控除することができる．しかし，移転的基礎控除のもとでは，配偶者が働くほど世帯主の所得から控除される金額が減少する．控除額の増減がどれほど税負担額に影響を与えるかは，それぞれの納税者が直面する個人所得課税の限界税率に依存する．例えば，配偶者が労働することによって，世帯主の移転的基礎控除が5万円減額されたとする．すると，限界税率が10%の納税者は5千円，限界税率が20%の納税者は，1万円の増税となる．つまり，世帯主の所得が高いほど，配偶者の労働に応じた移転的基礎控除の減額は，世帯の税負担を増加させる．

また，所得が38万円以下であれば，配偶者の税負担額は配偶者控除の場合も移転的基礎控除の場合もゼロであるため，移転的基礎控除の場合，世帯主に適用される控除額が減少する分だけ，世帯として増税となる．したがって，非正規職員で所得の低い配偶者が，世帯の税負担増加を避けるために，労働時間を減少させたと考えられる．この点については，保育給付世帯のみを対象とした場合でも同様の結果が得られた．

最後に推定結果3では，労働供給の促進効果を就業形態別に検証を行った．

モデル1から，非正規職員から正規職員への労働供給の促進効果が生じているものの，無職から非正規職員および無職から正規職員への労働供給の促進効果が強い．無職の配偶者の変化が非正規職員の配偶者の変化より大きいのは，非正規職員の世帯では，所得が103万円未満の世帯に加え，配偶者控除や配偶者特別控除の適用対象外の世帯が混在しているため，配偶者控除の廃止のインパクトが無職の世帯より小さいためである．さらに，年齢階級別に比較すると，29歳未満では無職から正規職員，30歳以降は無職から非正規職員への促進効果が強い．ひとつの可能性として年齢が高くなるほど，世帯主の所得が高くなるため，配偶者が正規職員として働かなくとも，世帯として十分な所得があることで，正規職員として働くインセンティブが弱いことが挙げられる．

　また，30代以降は，はじめから非正規職員として働いている配偶者が多いこともあり，パターン5の無職から正規職員とパターン6の非正規職員から正規職員の割合を加算すると，パターン4とそれほど大差のない結果となる．保育給付世帯もほぼ類似の傾向が認められた．

　モデル2では，全世帯であれ保育給付世帯であれ，共通して非正規職員から正規職員への移行がある程度生じているものの，推定結果2で見たとおり，労働供給の抑制効果の方が大きいことから，女性の労働の促進という観点からは，移転的基礎控除は望ましいものではない．

6. まとめ

　本章では配偶者控除制度の見直しと女性の労働供給の関係に注目し，配偶者の就業意識に影響を与えるとされる配偶者控除の廃止もしくは移転的基礎控除への移行といった仮想的な制度を実施していた場合に，世帯の税負担額と配偶者の労働供給にどのような変化をもたらすかを検証した．その結果，配偶者控除の廃止にするか，もしくは廃止まではなされなくとも移転的基礎控除への移行に留まるかで，世帯における税負担率と配偶者の労働供給には

一定の効果が認められた．さらにその効果は配偶者の年齢階級別および就業形態別によって異なることを明らかにした．

とくに，配偶者控除の廃止は，配偶者の労働供給の増加に繋がることが明らかになった．これは，2015年の配偶者控除制度が配偶者の労働供給を抑制しているということである．また，労働供給の変化は，非正規職員から正規職員への変化よりも，無職から非正規職員あるいは正規職員への変化が多く，今まで働いていなかった配偶者を労働市場に参入させる効果がある．この結果は配偶者の労働時間の変化よりも就労の変化の影響の方が大きいことを示唆している．

一方で，いまひとつの改革案である移転的基礎控除への移行は配偶者の労働供給を抑制する効果を持つことがわかった．これは，非正規職員の配偶者が税負担の増加を避けるために，労働供給を抑制する効果がとくに大きかったためである．また，移転的基礎控除のもとでは，専業主婦として労働を行っていない世帯に対しては全く影響がないため，新規の労働力を確保することができないという問題も生じる．したがって，移転的基礎控除への移行は二重控除問題の対策としては有効であるが，女性の労働供給の促進の観点からは，配偶者特別控除も含めた配偶者控除の廃止が望ましい．

2017年度に改正が行われた配偶者控除制度のもとでは，100万円前後の給与収入を得ている配偶者が就労を抑制するインセンティブが薄れるため，労働供給が促進されると考えられる．しかし，本章の分析でおこなったように，配偶者控除および配偶者特別控除を全廃するような急激な制度改革のもとでも労働供給を増加させた世帯は全世帯の1.7%にとどまる．さらに子育て世帯に該当する保育給付対象世帯に限定するとその割合は1%に満たない．したがって，今回の税制改正における配偶者の労働供給の増加は微々たるものであることが予想される．また配偶者特別控除の所得要件は緩和されたが，103万円を超えると配偶者自身に税負担が発生する点は変わらない．もし，103万円の壁が配偶者自身の税負担による痛税感によって生じているならば，労働力の増加は更に限定的となるだろう．

配偶者の労働供給を促進することを目的とするならば，社会保険料の支払いが発生する130万円あるいは106万円の壁や企業の配偶者手当の所得要件の見直しも同時に行われる必要がある．とくに社会保険料に関しては，配偶者特別控除のように所得の増加とともに可処分所得が増える制度が存在せず，収入が130万円あるいは106万円を超えると可処分所得が減少するため，配偶者の労働供給に与える影響が大きいと考えられる．

　また，今回の改正では専業主婦世帯，夫婦ともにフルタイムで働いている世帯，配偶者がパートタイムとして働いている世帯間で世帯として利用可能な控除額の差は解消されていないため，配偶者控除に関する議論を今回の改正で終わらせることなく，今後も検討を重ねていくことが重要である．

第6章
タイの個人所得税改革による労働供給への影響

1. タイの個人所得税制の現状

　前章まで公平性と効率性の双方の観点から日本の個人所得課税改革の分析を行ってきた．とくに第5章では，配偶者控除および移転的基礎控除が配偶者の労働選択に与える影響について分析を行った．現在の日本では配偶者控除に関する議論は依然として女性の労働供給に焦点を当てたものである．

　総務省『労働力調査』によると，2016年の女性の労働力率は50.3%（就業率は48.9%）と50%をわずかに上回っている状態であり，現状では日本は女性が十分に働いている環境であるとは言えない．しかし，女性の労働者が増加している中で共働き世帯も増加しており，これらの傾向は今後も続くと考えられる．したがって，女性の社会進出が進んでいる国を対象に，税制改革のシミュレーション分析を行うことは，今後の日本の税制改革を考えるうえで有益な結果をもたらす．

　そこで，本章ではタイのデータと個人所得税制に焦点を当てる．タイは女性の労働による社会進出が進んでおり，タイ王国統計局（TSON：National Statistical Office Thailand）の"Labour Force Survey"によると，2014年の第4四半期の女性の労働力率は61.9%，24歳から49歳までの女性に限定すると，労働力率は8割を超える．さらに，失業率がきわめて低いタイでは，女性の就業率も61.9%と労働力率との差がほとんどない．図6-1は

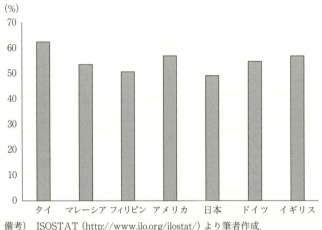

備考) ISOSTAT (http://www.ilo.org/ilostat/) より筆者作成.

図 6-1 各国の女性の労働力率 (2014 年)

ASEAN および先進国の数カ国の 2014 年の女性の労働力率を示したものである．図 6-1 からも分かるとおり，タイの女性の労働力率は，ASEAN の加盟国であるフィリピンやマレーシアのみならず，日本を含めた先進国と比較しても高いことが分かる．

また，タイの個人所得税制は日本の個人所得課税制と類似した点が多い．詳しくは後述するが，日本の制度でいうところの給与所得控除や所得控除だけでなく，税率についても超過累進税率を採用しており，タイの個人所得税も日本の所得税と同様に累進税である．しかし，多くの国と同様にタイの個人所得税制もさまざまな問題を抱えている．

近年，タイでは税制改革が進められており，2016 年 2 月 1 日より相続税が導入された．ソムマイ財務相は，相続税の導入について，貧富の格差是正が目的だとした上で，導入による税収増は年 50 億〜60 億バーツとの試算を示した．タイでは GDP に対する資産課税収入は 0.2% 程度と，OECD 諸国の平均 2% に比べ著しく低く，資産課税の拡大余地は大きいと考えられている．ASEAN の中核諸国において相続税を導入するのはタイが初めてであり，相続税法導入の他にも固定資産税の導入や所得税，法人税の改革なども

視野に入れている．こうした税制改革によって，政府税収の増加が見込まれ，再分配政策やインフラ整備といった分野に予算を充てることができる．今後，中進国から先進諸国への変化の過程において，こうした税制システムの近代化は避けては通れない課題となっており，タイはASEAN諸国のなかでもいち早く先鞭をつけたことになる．

本章では，こうしたタイの一連の税制改革のなかでも個人所得税制の改革について議論を行いたい．その大きな理由は，個人所得税制の改革は資産課税以上に税収の大幅な増加が見込まれるためである．これは逆に言えば，現行の個人所得税制では十分な税収が得られていないことを示している．

現在，タイの税収は年々増加傾向にあり，2014年度の税収は1兆7,299億バーツである．これは2009年度の税収1兆1,139億バーツと比較すると，約52％の増加である[1]．個人所得税に関しても同様に増加傾向にあり，2014年度の税収2,810億バーツは2009年度の1,981億バーツと比較すると41.85％の増加が見られる．しかしながら，2014年度の税収全体に占める個人所得税の割合はわずか16.24％，名目GDP比ではわずか2.1％にすぎず，個人所得税によって十分な税収が得られているとは言いがたい[2]．図6-2はASEAN諸国と先進国の税収に占める個人所得税収の割合を示したものである．

先進国と比較するとASEAN諸国の所得税の割合は低いが，タイはASEANの国のなかでもマレーシアと並んで，税収に占める個人所得税収の割合が低いことが分かる．

次に表6-1は2015年のタイの個人所得税の主な控除および課税対象所得に対応する税率のブラケットを示している．

表6-1から分かるように，現在のタイの税制では多額の控除が存在するだけでなく，課税対象所得が15万バーツ以下の者は非課税となる税制となっ

---

1) タイ王国歳入局（Revenue Department: http://www.rd.go.th/publish/index_eng.html）のAnnual Reportを参照．
2) タイの名目GDP（13兆1,486.01億バーツ）については国家経済社会開発庁（NESDB）を参照（http://www.nesdb.go.th）．

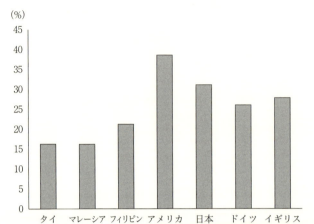

図 6-2　税収に占める個人所得課税の税収割合

備考）以下の URL を参考に筆者作成．タイ，フィリピン，日本，マレーシアは 2014 年度，日本以外の先進国は 2013 年度の税収に占める個人所得税収の割合を用いている．日本は財務省 (http://www.mof.go.jp/)「平成 26 年度一般会計決算概要（剰余金）」，日本以外の先進国は OECD Statistics (http://stats.oecd.org/)，マレーシアは Ministry of Finance Malaysia (http://www.treasury.gov.my/) の 2015 年の Estimated Federal Revenue，フィリピンは Bureau of Internal Revenue (http://www.bir.gov.ph/) の Annual Report，タイは Revenue Department (http://www.rd.go.th/publish/index_eng.html) の Annual Report を参照．

ている．これは，特別な適用要件もなく，すべての給与所得者に 15 万バーツの控除が適用されることと同義である．

　世帯主（有職），無職の配偶者，子どもが 2 人という核家族世帯の例をとると，世帯主の収入が 15 万バーツ以上であれば経費控除，個人控除，配偶者控除，子ども控除を含めた控除額の総計は 15 万バーツである．それに加えて，タイの個人所得税制では，日本の所得控除と同様に社会保険料を支払った分だけ所得から控除される．タイの社会保険料は収入の 5% であるため，現在のタイの個人所得税制のもとでは，上記の核家族の世帯主は収入が約 32 万バーツ以下であれば非課税となる．2014 年のタイの 1 人あたり名目

第 6 章　タイの個人所得税改革による労働供給への影響　　161

表 6-1　タイの個人所得税制（2015 年）

経費控除	給与の 40% か 6 万バーツのいずれか低い金額	
個人控除	3 万バーツ	
配偶者控除	3 万バーツ	
子ども控除	1.5 万バーツ/人（ただし，3 名まで）	
両親扶養控除	3 万バーツ/人	
社会保険料控除	支払総額	
個人所得税の ブラケットと税率	0～15 万バーツ	非課税
	15～30 万バーツ	5%
	30～50 万バーツ	10%
	50～75 万バーツ	15%
	75～100 万バーツ	20%
	100～200 万バーツ	25%
	200～400 万バーツ	30%
	400 万バーツ以上	35%

備考）タイ王国歳入局 (http://www.rd.go.th/publish/6000.0.html)
　　　より筆者作成．

　GDP が 5,519 US ドル[3] であることを考えると，32 万バーツ（8,600 US ドル程度）という非課税額はきわめて大きく，おおよそ全人口の 7～8 割程度が非課税世帯となっていると考えられる．以上のように，現行のタイの税制において，個人所得税は税収調達手段としての働きを十分に果たしているとは言いがたい．

　現在のタイでは少子高齢化の程度がそれほど高くなく，失業率もきわめて低いため，社会保障制度の必要性はそれほど高くない．しかしながら，多くの先進国が直面しているように，タイも少子高齢化に足を踏み入れている．図 6-3 はタイの 1950 年以降の年少人口（15 歳未満人口）と高齢者人口（65 歳以上人口）の推移および将来推計を示したものである．

　年少人口については，1980 年頃をピークに徐々に減少を続け，2015 年の

---

[3] 世界銀行のウェブサイト (http://data.worldbank.org/indicator/NY.GDP.PCAP.CD) より．

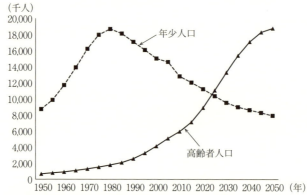

備考）World Population Prospects, the 2015 Revision のデータより筆者作成．なお，2015 年以降は国連の中位推計を使用．

図 6-3 年少人口と高齢者人口の推移および将来推計

年少人口（約 1,204 万人）はすでに 1965 年の水準（約 1,390 万人）を下回っている．さらに，国連の中位推計（United Nations, Department of Economic and Social Affairs, World Population Prospects, the 2015 Revision，以下同様）では，今後もタイの年少人口は減少を続け，2050 年には約 792 万人となり，ピークであった 1980 年の半分以下まで減少することが予測されている．一方で，高齢者人口に目を向けると，年少人口とは対照的に，1950 年以降，増加の一途を辿っている．国連の中位推計では，2025 年には年少人口と高齢者人口が逆転し，2050 年には高齢者が 1,900 万人にまで達すると予測されている．

また，高齢化の進行とともに，従属人口指数（（15 歳未満人口＋65 歳以上人口）/生産年齢（15～64 歳）人口）の増加が懸念される．図 6-4 は 1950 年以降の従属人口指数の推移と将来推計を示したものである．

1970 年以降，タイでは生産年齢人口の増加を背景に，長期にわたり従属人口指数は減少していた．しかし，2010 年から 2015 年にかけて，わずかではあるが従属人口指数が増加に転じ，この傾向は将来の少子高齢化により加速度的に上昇していくと見られる．国連の中位推計では，2030 年には従属人口指数は 50％ に達し，2045 年には 70％ を超えると予測される．以上のよ

第6章　タイの個人所得税改革による労働供給への影響　　163

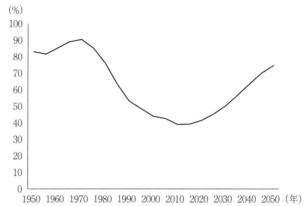

備考）　World Population Prospects, the 2015 Revision のデータより筆者作成．なお，2015年以降は国連の中位推計を使用．

図 6-4　従属人口指数の推移および将来推計

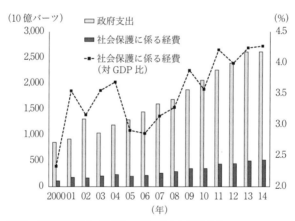

備考）　国際通貨基金（IMF）のデータより筆者作成．

図 6-5　政府支出および社会保護に係る経費の推移

うに，タイはいわゆる人口ボーナス期を既に終えており，今後は少子高齢化および従属人口指数の増加が急速に進むと考えられる．

　このような状況のなかで，タイでは政府支出および社会保障や医療を含めた社会保護に関する支出が伸びている．図6-5は2000年以降のタイの政府

支出および社会保護に係る経費を示したものである．経済成長を背景に，2000年以降ほぼ一貫して政府支出および社会保障や医療費を含んだ社会保護に係る経費は上昇を続けており，この傾向は対 GDP 比でも同様である．図 6-3 でも示した通り，今後，タイにおいて高齢化が進むと予測されるため，医療を含めた社会保護に係る経費の増加は避けられない．

　高齢化に加え，先進国と比較するといまだにタイの所得格差が大きいこと，公的な介護サービスが存在しないなど，タイの社会保障制度がまだまだ十分であるとはいえないことを考慮にいれると，今後さらなる社会保障制度の拡充が必要になると考えられる[4]．個人所得税には所得再分配の役割も求められるため，所得格差を縮小させるためにも，税収の確保のためにも個人所得税の改革は重要な政策課題である．

　以上の背景から本章では，タイにおける個人所得税制改革の是非をシミュレーション分析の結果をもとに考察する．税制改革の是非をシミュレーション分析によって検討する手法は財政分析の重要なツールであるが，こうした分析はこれまで主にマクロの集計データを用いて行われてきた．しかし，近年の研究ではシミュレーションに必要となるパラメータを家計のミクロレベルのマイクロデータから推定して用いるマイクロシミュレーションの手法がヨーロッパ各国の分析において盛んに行われている．例えば，Das and van Soest（2001）はオランダ，Kabatek, van Soest and Stancanelli（2014）はフランス，Labeaga, Oliver and Spadaro（2008）はスペイン，Nyffeler（2005）はスイス，Dagsvik and Jia（2012）はノルウェーの分析を行っている．日本の分析としても Bessho and Hayashi（2014），足立・金田（2016）がある．

　パラメータの推定のみならず，マイクロデータを使用することによって所得分布の変化などについても直接的な分析が可能となるため，マクロの集計データのみによる分析に比して，政策的な含意などの点で，より精緻で複雑

---

4) 2012 年の OECD 諸国の平均的なジニ係数が 0.32 であるのに対し，同年のタイのジニ係数は 0.39 である（それぞれの数値は，OECD および世界銀行のウェブサイトより引用）．

な分析，検証が可能となる．しかし，複数の分析手法を用いることやデータの制約などによって，本章が対象とするタイのような中進国の分析となると，ほとんど研究が存在しないといってもよい状況である．

以上の点から，タイのデータを用いて，マイクロシミュレーション分析を行うことは，今後の日本の税制改革の観点からも，タイの税制改革の観点からも有益な結果をもたらすと考えられる．さらに，現在，タイでは税制改革の議論が盛んに行われていることを考えると，本章がマイクロシミュレーションの手法を用いたタイの税制改革の最初の研究となる政策的含意は大変大きいと考えられる．

次節では，本章の分析対象とするタイの世帯と就業構造について触れる．第3節では，マイクロシミュレーション分析における本章の位置づけ，第4節では，本章の分析で用いる離散選択型のモデルおよび推計方法について述べる．第5節では，本章で用いるマイクロデータの解説を行い，第6節ではシミュレーション分析による結果の提示と解釈を行う．そして，最終節では議論の総括を行いたい．

2. タイの世帯構造と就業構造の変化について

本節では，第3節以降で示す分析を行うにあたって，タイの近年の世帯構造と就業構造の変化について説明を行いたい．今後，タイでは少子高齢化が進み，従属人口指数が上昇することは，前節で述べたとおりであるが，表6-2で示すように，タイの人口は直近の10年ほどで約400万人増加し，15～64歳の生産年齢人口に限定しても，約200万人の増加が見られる．また，近年のタイでは，人口の増加だけではなく，世帯数の増加も見られる．表6-3は1990年，2000年，2010年のタイの世帯数，1世帯あたりの平均的な世帯人数，女性が世帯主である世帯の比率の推移を示したものである．1990年と比較すると，2010年の世帯数は2倍近くまで膨らんでいる一方で，1世帯あたりの世帯人数はこの20年で約1人減少していることから，タイ

表 6-2 タイの年齢階層別人口の推移（千人）

		2002 年	2003 年	2005 年	2010 年	2014 年
男性	15 歳未満	6,966.8	6,891.3	6,811.2	6,358.3	6,014.4
	15〜64 歳	20,890.0	21,015.5	21,304.6	22,180.4	22,676.5
	65 歳以上	1,747.6	1,823.6	1,941.7	2,197.3	2,656.1
女性	15 歳未満	6,597.6	6,524.7	6,448.8	6,013.0	5,684.9
	15〜64 歳	21,460.3	21,623.2	21,988.8	22,957.7	23,455.0
	65 歳以上	2,225.6	2,325.8	2,496.0	2,873.3	3,467.4
合計		59,887.9	60,204.1	60,991.1	62,579.9	63,954.4

備考） タイ王国内務省のデータより筆者作成．

表 6-3 タイの世帯数，世帯人数，世帯主が女性である世帯の比率

	1990 年	2000 年	2010 年
世帯数（千世帯）	12,367	15,938	20,524
世帯人数（人）	4.4	3.8	3.1
女性が世帯主である世帯の比率（%）	19.4	26.2	34.7

備考） タイ王国統計局のデータより筆者作成．

でも先進国と同様に核家族化が進行していることがうかがえる．これらの，核家族世帯の増加による世帯の多様化を考慮に入れて制度改革を評価するためには，マイクロデータを用いて，個々の世帯の行動の変化を捉えることが求められる．さらに近年では世帯主が女性である世帯の割合が急激に増加しており，2010 年時点で，約 35% の世帯の世帯主が女性である．第 1 節でもふれたとおり，タイでは女性の労働力率，就業率ともにきわめて高く，税制改革による女性の労働供給の変化を明らかにすることは今後のタイの政策当局にとって非常に有益であると考えられる．

また，タイでは近代化が進んでいる現在でも農業が盛んであり，世界銀行（World Bank）のデータによると，2010 年以降，GDP に占める農業の割合は 10% ほどを維持している．しかし，この割合は，1980 年の半分以下であり，近年の製造業の GDP に占める割合が 30% を超えていることからも，タイにおける非農業産業の重要性が相対的に上昇していることが分かる．また，労

第6章 タイの個人所得税改革による労働供給への影響　　167

表 6-4　労働者に占めるタイの農業従事者,非農業従事者比率の推移

		2001年	2006年	2011年	2015年
全体	農業従事者	42.4	39.7	38.7	32.3
	非農業従事者	57.6	60.3	61.3	67.7
男性	農業従事者	44.6	41.5	40.5	34.3
	非農業従事者	55.4	58.5	59.5	65.7
女性	農業従事者	39.7	37.6	36.6	29.8
	非農業従事者	60.3	62.4	63.4	70.2

備考）タイ王国統計局"Labour Force Survey"より筆者作成．

働者数についても，同様のことが言える．表6-4は，近年のタイの労働者に占める農業従事者および非農業従事者の比率の推移を示したものである．

2015年の時点で，全体の3割強が農業従事者であるものの，その割合は徐々に低下しており，全体，男性，女性のいずれも，この15年の間に農業従事者の比率が10%近く低下している．今後，タイの近代化のさらなる促進とともにこの傾向が続くとすると，税制改革の議論においてタイの非農業産業における勤労者世帯の就業行動に焦点を当てた分析が必要となる．

以上のような世帯構造と就業構造の変化を背景に，本章では後述するようにタイの非農業産業の勤労者世帯のうち，男女（夫と妻）が稼得する世帯を対象に分析を行う．

3. 既存研究と本章の位置づけ

本節では，マイクロシミュレーション分析の既存研究と本章の位置づけについて述べたい．本章の分析対象である税制改革の影響は，すべての世帯に対して同一であるわけではなく，世帯構造，収入，就業形態や年齢などのさまざまな要因によって変化する．マイクロシミュレーション分析では，マイクロデータから，世帯構造や世帯員それぞれの収入，年齢，性別などの個人の属性が把握できるため，どのような属性を持った世帯に対してどのような

影響が生じるかについて詳細に分析できる．つまり，世帯の多様性を考慮に入れた分析が可能となる．とくに，タイの個人所得課税の推計には，各世帯員の収入が必要となるだけでなく，日本の個人所得課税と同様に世帯構造によって一定額が課税対象所得から控除される人的控除があるため，これらの制度をシミュレーションで再現する際に，世帯ごとのデータを用いての分析は大きなメリットとなる．

近年では，家計の行動の変化を考慮に入れたモデルによる分析が数多く行われているが，それらのモデルを分類すると，マイクロデータによって家計の行動変化を喚起するパラメータを推定し，そのパラメータを用いて，労働や消費の変化をシミュレーション分析によって明らかにする手法（behaviorモデル）とマイクロデータ内の各家計（あるいは個人）に対して，ライフイベントの遷移確率を与え，制度変更による長期的な人口動態，世帯構造および所得分布の変化をシミュレーション分析によって明らかにする手法（dynamic モデル）の2つに分けられる．とくに，労働供給の変化に焦点を当てたモデルに関しては，離散選択型（discrete choice）モデルを用いた研究が多く見られることは前章でも触れたとおりである．

一方で，dynamic モデルは，欧米でさまざまなモデルが作成されており，Li and O'Donoghue（2013）によると，先進国を中心に60近くのモデルが存在する．日本でも，dynamic モデルによる既存研究が蓄積されつつあり，日本の dynamic モデルとして，PENMOD（白石（2008））や INAHSIM（稲垣（2010），府川（2005, 2013））などが挙げられる．

例えば，白石（2008）は，日本の公的年金の数量分析を行う dynamic モデル PENMOD を作成し，モデルを用いた独自の年金給付の将来推計と16年財政再計算（厚生労働省）の推計を比較している．PENMOD では，個票ごとに，生死，婚姻，就業，賃金，引退，年金裁定に関するシミュレーションを行うことで，年金推計に必要な加入記録と受給記録の作成を可能としている．

また，稲垣（2010）は，人口動態や所得分布の長期的な推計が可能な dynamic モデルである INAHSIM (Integrated Analytical Model for Household Simulation) を用いて，公的年金制度の所得保障機能が将来にわたって維持されるかどうかについて，高齢者の所得分布や同居家族の状態を将来推計することによって，政策の効果を示している．INAHSIM では，PENMOD と同様に個票ごとに，ライフイベントについて遷移確率を与え，シミュレーション内の1年の間に人口動態，健康状態，就業状態，世帯の変化（同居，別居など），国民年金保険料の納付などのイベントが発生するシミュレーションサイクルを作成し，そのサイクルを複数年にわたって，シミュレーション分析することで，人口動態，世帯構造，所得分布といった項目の将来推計を可能としている．

　behavior モデルと dynamic モデルの双方については，一方が他方のモデルよりも優れているというものではなく，それぞれの特長が異なるため，分析対象とする国の状態や制度によって使い分ける必要がある．例えば，dynamic モデルの最大のメリットは制度改革の長期的な影響を推計できる点である．したがって，年金制度改革などの長期にわたって，制度変化の効果の推計が必要なものに利用される．一方で，behavior モデルの離散選択型モデルでは，基本的には，一時点での制度変化のみを対象とするものの，dynamic モデルと比較して，就業状態のみならず，より細かい労働時間の推計およびパラメータを用いた効用の推計を可能とする．したがって，制度改革の効率性，社会的厚生の観点から制度を分析することが可能であり，税制改革などに多く用いられる．

　本章では，第1節でも示したとおり，タイでは今後も人口構造が大きく変化すると考えられるため，税制改革についても，長期的な影響を推計する必要があることを認識しつつも，まずは，税制改革による短期的な労働供給と社会的厚生の影響を明らかにすることを目的とする．

　タイの個人所得税改革を考えるうえで，税収の確保は喫緊の課題ではあるが，増税によって労働供給が大きく減少したり，社会的厚生の大幅な低下がもたらされることは望ましい税制のあり方とは言えない．そこで，本章で

は，離散選択型モデルを用いて，仮想的な税制改革のマイクロシミュレーションを行い，税制改革による税収，夫と妻の労働供給および社会的厚生への総合的な影響を分析することで，今後のタイの個人所得税改革のあり方を検討すると同時に女性の社会進出が進んでいる国を対象に分析を行うことで，日本の今後の税制改革に対する示唆を得る．次節では，本章で用いる離散選択型のモデルについて説明する．

4. 離散選択型のモデルおよび推計

本章では，前章と同様に，van Soest (1995) に始まる離散選択型の労働供給モデルを用いる．ただし，前章のモデルと完全に同じモデルではない．タイでは，女性の労働力率が高いだけでなく，夫婦共働き世帯が一般的である．そこで，前章とは異なり，税制改革によって，夫と妻の双方が労働時間を変更するモデルを用いる．

まず，家計 i の夫と妻はそれぞれ J 個の労働供給のなかから1つの労働供給を選択する．ここで，夫と妻の労働時間をそれぞれ，h_{ij}^m と $h_{ik}^f (j=1,\cdots,J, k=1,\cdots,J)$ と表すこととする．家計 i の労働供給は世帯主と配偶者の労働供給の組み合わせなので，家計としては $J \times J$ 個の離散的な労働供給のなかから1つの選択肢を選ぶことになる．

家計 i は課税後所得 y_{ijk}，夫の余暇 l_{ij}^m および妻の余暇 l_{ik}^f から効用を得るとする[5]．また，それぞれの家計の世帯属性を $\mathbf{Z}_i$ とし，家計の効用関数は (1) 式で表すことができるとする．

$$U_{ijk} = U(y_{ijk}, l_{ij}^m, l_{ik}^f; \mathbf{Z}_i) + \varepsilon_{ijk} \tag{1}$$

家計 i は世帯属性 $\mathbf{Z}_i$ と加法的な誤差項 ε_{ijk} にも依存する．夫と妻の税引前賃金率を w_i^m, w_i^f，世帯の税負担額および社会保険料を $t(w_i^m h_{ij}^m, w_i^f h_{ik}^f, \mathbf{Z}_i)$

---

[5] 個人が使用できる総時間を T とすると余暇は $l_{ik}^s = T - h_{ik}^s, s=m, f$ と表すことができる．

第6章 タイの個人所得税改革による労働供給への影響

とすると,家計iの課税後所得は以下の式のとおりとなる.

$$y_{ijk} = w_i^m h_{ij}^m + w_i^f h_{ik}^f - t(w_i^m h_{ij}^m, w_i^f h_{ik}^f, \mathbf{Z}_i) \tag{2}$$

各家計は (2) 式の予算制約のもとで (1) 式の効用を最大化する[6].

本章では,効用関数のパラメータを推定するために,van Soest (1995) にならって,効用関数を以下の2次関数に特定化する.

$$\begin{aligned}U(y_{ijk}, l_{ij}^m, l_{ik}^f; \mathbf{Z}_i) =& \alpha_{yy}[ln(y_i)]^2 + \alpha_{l^m l^m}[ln(l_{ij}^m)]^2 + \alpha_{l^f l^f}[ln(l_{ik}^f)]^2 \\ &+ \alpha_{yl^m} y_i l_{ij}^m + \alpha_{yl^f} y_i l_{ik}^f + \alpha_{l^m l^f} l_{ij}^m l_{ik}^f + \beta_{y_i} ln(y_i) + \beta_{l^m} ln(l_{ij}^m) \\ &+ \beta_{l^f} ln(l_{ik}^f) + \Phi_{mi} \cdot 1\{h_i^m > 0\} + \Phi_{fi} \cdot 1\{h_i^f > 0\}\end{aligned} \tag{3}$$

α および β が推定されるパラメータであり,Φ はそれぞれ夫と妻の労働にともなう固定費用である[7].ここで,パラメータである β および Φ は世帯属性 $\mathbf{Z}_i$ と線形の関係にあると仮定する.

$$\beta_{ni} = \beta_{n0} + \boldsymbol{\beta}_n' \mathbf{Z}_i : n = y, \ l^m \text{ and } l^f \tag{4}$$

$$\Phi_{pi} = \Phi_{p0} + \boldsymbol{\Phi}_p' \mathbf{Z}_i : p = m \text{ and } f \tag{5}$$

課税後所得および余暇の係数 β は,純粋な所得(あるいは余暇)の影響と世帯属性 $\mathbf{Z}_i$ との交差項からなる[8].ここで,誤差項 ε_{ij} は極値第Ⅰ分布に従うとする.家計は効用を最大化する労働供給の選択肢を選ぶと仮定されるので,推定には,前章と同様に,条件付きロジットモデルを用いることができる.

---

6) $w_i^s h_{ij}^s, s = m, f$ は税引前賃金率と労働時間の積であるので,個人の税引前所得である.タイの個人所得税制は日本の所得税制と同様に配偶者控除や扶養控除などの人的控除が存在するため,税引前所得のみならず世帯属性にも依存する.
7) 固定費用 Φ は子の世話や求職にともなう費用であると考えられる.
8) ここで,所得と余暇の交差項となる世帯属性は,年齢,年齢の2乗,学歴ダミー,居住地域ダミー,子の数(6歳未満,6歳以上15歳未満)であり,固定費用の交差項となる世帯属性は子の数(6歳未満,6歳以上15歳未満)である.

5. データと個人所得税制改革案

5.1 記述統計とデータ処理

本章では，所得や労働時間のデータとして，2004年のタイ王国統計局 "Labour Force Survey"（以下，LFS）のデータを用いる．LFSはタイのマイクロデータのひとつであり，21万103人（6万2,645世帯）を対象に，労働時間を含めた労働状態および収入等について大規模に調査したデータである．ここでは，労働世代の労働供給に焦点を当てているため，夫と妻ともに20歳以上かつ60歳以下であり，夫と妻の少なくとも一方が働いている世帯を対象とする．また，LFSでは自営業や家族従業者の収入に関するデータが存在しないため，それらの世帯を除くと，分析対象となる世帯数は9,418世帯である．表6-5は本章の分析で用いるデータの記述統計である．

5.2 労働供給の選択肢

本項では労働供給の選択肢の設定について説明する．本章では離散的な労働供給を用いるため，LFSの労働供給の分布から5つの選択肢を設定する．各選択肢における年間の労働時間の設定および各選択肢における労働者の割合は表6-6のとおりである．男性では97%近く，女性でも70%以上が就業している．また，その多くが比較的労働時間が長い選択肢3以上の労働時間で働いている．夫と妻は年間の労働時間として，ゼロ時間，1,251.43時間，1,825時間，2,502.86時間，3,285時間のなかから，ひとつの労働時間を選択する[9]．夫と妻はそれぞれ5つの選択肢を持つため，世帯としては25通り（=5×5）の選択肢を持つことになる．

しかし，タイでは，収入がない状態で過ごせるほどの貯蓄を有する世帯が

---

9) データの労働時間がゼロ時間の場合は選択肢1，208.57〜1,688.57時間の間なら選択肢2，1720.71〜2294.29時間の間なら選択肢3，2,346.43〜2,920時間の間なら選択肢4，2,972.14〜5,110時間の間なら選択肢5とする．

第 6 章　タイの個人所得税改革による労働供給への影響

表 6-5　記述統計

変数	平均	標準偏差
課税後所得（バーツ）	231,966.10	227,773.40
居住地域（%）		
バンコク	0.08	
中央部：都市部	0.22	
非都市部	0.15	
北　部：都市部	0.13	
非都市部	0.07	
北西部：都市部	0.13	
非都市部	0.05	
南　部：都市部	0.1	
非都市部	0.07	
6 歳未満子ども数（人）	0.32	0.56
6 歳以上 15 歳未満子ども数（人）	0.65	0.8
夫：		
年齢（歳）	39.6	8.86
年間の余暇（時間）	6,546.49	688.06
学歴（%）		
非就学	0.02	
小学校	0.43	
中学校	0.13	
高校以上	0.42	
妻：		
年齢（歳）	36.79	8.75
年間の余暇（時間）	7,198.91	1,126.87
学歴（%）		
非就学	0.04	
小学校	0.46	
中学校	0.12	
高校以上	0.38	
サンプル数	9,418	

ほとんど存在しないこと，失業保険等の社会保障制度が十分に整っていないこと，直近の 10 年ほどでも失業率が 2% 未満と低い水準であることから，課税後所得がゼロの世帯の存在は，きわめて少ないと考えられる．そこで，本章では，課税後所得がゼロとなる選択肢，つまり夫と妻の双方が非就業で

表 6-6 労働供給の選択肢（年間）

選択肢	労働時間 (年間)	最小値	最大値	シェア（夫）(%)	シェア（妻）(%)
1	0	0	0	3.16	29.99
2	1,251.43	208.57	1,668.57	7.6	7.06
3	1,825	1,720.71	2,294.29	33.23	24.94
4	2,502.86	2,346.43	2,920.00	41.86	29.44
5	3,285	2,972.14	5,110.00	14.11	8.49

ある選択肢は除外する．したがって，各家計は 24 の労働供給の組み合わせから効用を最大化する選択肢を選ぶ．

5.3 税引前賃金率

LFS には実際の労働供給から得られる税引前所得のデータが存在する．しかし，離散選択型の労働供給モデルを考えるにあたり，データで観測される労働時間以外の選択肢のもとで，税引前所得を算出しなければならない．そこで，各労働者の時間あたりの賃金率が必要となる．

本章では，データから得られる税引前所得を労働時間で除することで，税引前賃金率を算出する．なお，無職の世帯員には，先行研究に従い，以下のように，Heckman の 2 段階推定を行い，その当てはめ値を税引前賃金率として用いる（van Soest (1995), Labeaga, Oliver and Spadaro (2008)）．まず，それぞれの税引前所得と労働供給のデータを使用し，税引前賃金率（=税引前所得/労働時間）を導出する．次に，観測された税引前賃金率を被説明変数，年齢，年齢の 2 乗，地域ダミー，学歴ダミー，都市ダミーを説明変数とし，男女別に賃金関数を推定する．なお，1 段階目の推定については，2 段階目で用いる説明変数に加えて，子の数，65 歳以上の高齢者数，世帯内の労働者数を使用する．

5.4 課税後所得の算出

本項では，労働供給の選択肢ごとの税，社会保険料 $t(w_i^m h_{ij}^m, w_i^f h_{ik}^f, Z_i)$ の

算出方法を説明する．まず前項で求めた税引前賃金率に対して，労働時間を乗じることで，選択肢ごとの税引前所得を求める．次に，税引前所得に対して，タイの個人所得税制を適用することで，個人所得税額を計算する．タイの個人所得税制は日本の所得税制と共通点が多く，さまざまな人的控除や超過累進税率を採用しており，日本の所得税の計算方法と同様の方法で計算できる．

まず，税引前所得から各種の控除を差し引くことで課税対象所得を計算する．本章で使用する控除は，給与の一定割合を控除として所得から差し引くことができる経費控除，人的控除である個人控除，配偶者控除，子ども控除，両親扶養控除に加えて，支払った社会保険料の全額が控除される社会保険料控除である．また，配偶者控除，子ども控除，両親扶養控除に関しては，無条件で控除が適用されるわけではなく，一定の要件を満たす必要がある．配偶者控除については，配偶者が非就業であることが求められる．したがって，一方の配偶者の給与収入がゼロである場合のみ，もう一方の配偶者の所得に対して配偶者控除を適用する．子ども控除については，20歳未満（あるいは25歳未満で就学中）かつ収入が1万5,000バーツ以下である子どもがいる場合に適用される[10]．

本章では，世帯主と配偶者のみが収入を得ている世帯を対象としているため，世帯主と配偶者以外の世帯員が年齢および就学の基準を満たしていれば，控除を適用する．また，両親扶養控除は，年齢が60歳以上かつ収入が3万バーツ以下の親が世帯内にいる場合に適用される．子ども控除と同様に，世帯員の年齢が基準を満たしていれば，控除を適用する．各控除の金額は前述の表6-1のとおりである．

次に，税引前所得から各種の控除を差し引いた課税対象所得に対して表6-1の税率表を適用することで個人所得税額を算出する．最後に，算出した個人所得税額に社会保険料を加算することで$t(w_i^m h_{ij}^m, w_i^f h_{ik}^f, \mathbf{Z}_i)$を求め

---

[10] ただし，最大で3人まで，金額にすると4万5,000バーツまでである．

表6-7 所得十分位ごとの税引前所得，税負担および可処分所得

(千バーツ)

所得階級	A 税引前所得	B 税負担額	C 税負担率 (=B/A)	D 可処分所得
1	44.27	0.00	0.00	42.06
2	70.59	0.00	0.00	67.06
3	92.63	0.00	0.00	88.00
4	117.11	0.00	0.00	111.25
5	139.72	0.00	0.00	132.74
6	167.26	0.00	0.00	158.90
7	212.76	0.00	0.00	202.66
8	302.42	0.52	0.00	289.62
9	476.76	4.12	0.01	457.37
10	821.23	28.03	0.03	776.18
全世帯平均	254.52	3.44	0.01	242.13

る[11]．税引前所得から $t(w_i^m h_i^m, w_i^f h_{ik}^f, Z_i)$ を差し引くと，各世帯の各労働供給における課税後所得を得ることができる．表6-7は，分析対象世帯の所得十分位ごとの税引前所得，税負担額および可処分所得である．表6-7で注目すべきは，所得階級ごとの税負担額である．第7分位までは税負担額がゼロである．これは，タイの個人所得税制には多額の控除があるだけでなく，課税対象所得が15万バーツ以下であれば非課税であるため，課税最低限がきわめて高いことが原因である．また，もっとも所得の高い第10分位ですら税引前所得のわずか3%の税負担があるのみである．表6-7からもタイの個人所得税では，税収調達機能が十分に働いていないことが分かる．

5.5 シミュレーション

本章では，仮想的な税制を用いてシミュレーション分析をすることによっ

---

[11] タイの社会保険料は日本の制度と同様に労使折半である．雇用者が被雇用者の給与の5%，被雇用者が給与の5%を社会保険料として支払うことになる．社会保険料の内訳は傷病，出産，障害および死亡に関する保険料が給与の1.5%，育児や老齢に関する保険料が給与の3%，失業に関する保険料が給与の0.5%である．

第6章　タイの個人所得税改革による労働供給への影響　　　177

て，タイの労働供給，税収，経済厚生に与える影響を明らかにする．シミュレーションの影響を比較するために，条件付きロジットモデルで得られたパラメータと誤差項 ε_{ijk} を使用し，(3) 式の効用関数から各世帯の選択肢ごとの効用を算出する．まず，(3) 式の誤差項 ε_{ijk} をカリブレーションによって求める．具体的には，極値第I分布に従う乱数を発生させ，世帯ごとに1セットが労働供給の選択肢と同数の J 個からなる誤差項の組み合わせを得る[12]．得られた誤差項と条件付きロジットモデルで推定したパラメータを用いると選択肢ごとの効用を算出することができる．ここで，データで観測された労働供給での効用が他の労働供給の効用と比較して最大となる場合，この J 個の誤差項の組み合わせは成功として保存する．

データで観測された労働供給のもとでの効用が最大でない場合，新たに J 個の誤差項の組み合わせを発生させ，成功の誤差項の組み合わせが得られるまで同様の作業を行う．もし同様の作業を300回行っても成功の誤差項が得られなければ，その家計は以下のシミュレーションから除外する．各家計につき，成功した誤差項の組み合わせを最大100個生成し，その誤差項を用いた100回のシミュレーションの平均の結果を用いて制度変更の評価を行う[13]．

5.6　税制改革案

本章では，タイの税制改革案として表6-8に示す5つのシナリオを用いてシミュレーションを行った．

まず，シナリオ1では配偶者控除を廃止した場合のシミュレーションを行う．日本と同様に，タイの個人所得税制でも配偶者控除には，適用要件が存在する．また，タイの個人所得税制では，日本の配偶者特別控除にあたる制度がないため，無職の配偶者が新たに労働を始めると，労働を始める前より

[12) 本章では，労働供給の選択肢を24に設定しているため，$J=24$ である．
[13) 誤差項の発生作業，シミュレーションの試行回数ともに作業回数を倍にした場合の結果も算出したが，結果に大きな変化がなかった．

表 6-8　税制改革案

(千バーツ)

	2014年税制	シナリオ1	シナリオ2	シナリオ3	シナリオ4	シナリオ5
経費控除	給与の40%か6万バーツの低い方の金額	同左	同左	同左	同左	同左
個人控除	30	同左	同左	同左	同左	同左
配偶者控除	30	0	30	0	30	同左
子ども控除	15	同左	同左	同左	同左	同左
両親扶養控除	30	同左	同左	同左	同左	同左
社会保険料控除	支払額全額	同左	同左	同左	同左	同左
税率のブラケットと税率	0-150 非課税 150-300 5% 300-500 10% 500-750 15% 750-1,000 20% 1,000-2,000 25% 2,000-4,000 30% 4,000超 35%	同左	0-300 5% 300-500 10% 500-750 15% 750-1,000 20% 1,000-2,000 25% 2,000-4,000 30% 4,000超 35%	同左	0-150 非課税 150-300 5% 300-500 15% 500-750 20% 750-1,000 25% 1,000-2,000 30% 2,000-4,000 35% 4,000超 40%	0-150 非課税 150-300 5% 300-500 20% 750-1,000 25% 1,000-2,000 30% 2,000超 40%

も，世帯の可処分所得が減少することもある．これによって，配偶者の就業行動が歪められている可能性がある[14]．

　税制の中立性の観点から，経済主体の行動に歪みをもたらすような税制は望ましい税制とは言えない．そこで，シナリオ1では，配偶者控除の廃止によって，世帯主と配偶者の労働供給の変化および税収の変化に焦点を当て，分析を行う．

　次にシナリオ2では，課税対象所得が15万バーツ以下の個人に対して課

---

14) タイの場合，配偶者が給与収入を得ていれば，配偶者控除は適用されない．

税する改革を考える．具体的には，課税対象所得がゼロから30万バーツまでの個人に対して，5%の税率を課す．課税対象所得が15万バーツまで非課税ということは，15万バーツの控除が存在することに等しい．これは明らかに，タイの個人所得税収が他の税収よりも少ない原因のひとつであると考えられる．課税最低限の引き下げによって，税収の増加が見込まれる．

しかし，増税によって家計が過度に労働供給を抑制する，あるいは効用が大きく落ち込むようなことがあると，これもまた望ましい税制の姿ではない．そこで，シナリオ2では，増税による税収の伸びと労働供給および効用との関係を分析する．シナリオ3はシナリオ1，2を組み合わせた場合の影響を明らかにする．

シナリオ4とシナリオ5では，個人所得税の税率を高めることで，主に高所得者に対して相対的に重い税負担を課す改革を行う．具体的には，シナリオ4では，課税対象所得が30万バーツ以上の納税者に対する税率を5%ずつ増加させ，シナリオ5では，ブラケットの変更と税率の増加を同時に行う．タイの個人所得税は超過累進税率を採用しているため，所得再分配の性質を有する．また，タイでは主に都市部と非都市部間の所得格差が大きく，増税は都市部の高所得者に集中すると考えられる．したがって，垂直的公平の観点からは高所得者に対する増税は比較的受け入れやすい改革であると考えられる．高所得者に対する増税によって税収がどれほど増加し，どのように労働供給が変化するかを分析する．

6．分析結果

6.1 条件付きロジットモデルの推定結果

表6-9は条件付きロジットモデル分析による推定結果である．夫と妻の学歴および居住地域については，ダミー変数である．効用関数を直接推定しているため，それぞれのパラメータの値は各変数の限界効用を意味する．

交差項では学歴ダミーよりも居住地ダミーが有意であるものが多い．ま

表 6-9　推定結果

変数	係数	Z	変数	係数	Z
所得 2	−0.440	−5.14***	×バンコク	4.656	4.02***
夫の余暇 2	−36.192	−28.19***	×北部地域都市部	−1.599	−1.9*
妻の余暇 2	−52.023	−38.27***	×北部地域非都市部	−1.643	−1.58
所得×夫の余暇	1.865	5.29***	×北西部地域都市部	0.000	0.00
所得×妻の余暇	−1.678	−6.43***	×北西部地域非都市部	−2.699	−2.38**
夫の余暇×妻の余暇	58.753	48.31***	×南部地域都市部	−2.915	−3.18***
所得	22.845	3.43***	×南部地域非都市部	−2.637	−2.63***
×夫の年齢	−0.062	−0.77	×中央地域非都市部	0.682	0.82
×夫の年齢 2	0.001	0.65	×6歳未満の子ども数	0.880	1.87*
×就学なし：夫	−0.459	−1.02	×6歳以上15歳以下の子ども数	0.260	0.8
×中卒：夫	0.313	1.24	妻の余暇	434.083	16.6***
×高卒以上：夫	0.455	1.93*	×妻の年齢	−0.407	−2.83***
×妻の年齢	−0.059	−0.86	×妻の年齢 2	0.008	4.18***
×妻の年齢 2	0.001	1.01	×就学なし：妻	−0.412	−0.58
×就学なし：妻	−0.120	−0.36	×中卒：妻	1.309	2.87***
×中卒：妻	0.659	3.05***	×高卒以上：妻	2.809	6.64***
×高卒以上：妻	0.798	4.16***	×バンコク	3.151	3.91***
×バンコク	2.699	4.32***	×北部地域都市部	−2.976	−4.99***
×北部地域都市部	−2.691	−6.49***	×北部地域非都市部	−4.178	−5.6***
×北部地域非都市部	−3.253	−6.32***	×北西部地域都市部	−0.533	−0.84
×北西部地域都市部	−2.036	−4.91***	×北西部地域非都市部	−2.970	−3.55***
×北西部地域非都市部	−4.030	−7.58***	×南部地域都市部	−0.679	−1.05
×南部地域都市部	−2.356	−5.35***	×南部地域非都市部	−2.233	−2.92***
×南部地域非都市部	−3.945	−8.29***	×中央地域非都市部	−1.288	−2.17**
×中央地域非都市部	−0.178	−0.4	×6歳未満の子ども数	1.400	3.43***
×6歳未満の子ども数	0.253	1.15	×6歳以上15歳以下の子ども数	0.741	2.67***
×6歳以上15歳以下の子ども数	−0.206	−1.35	夫の固定費用	−3.225	−19.96***
夫の余暇	109.554	4.13***	×6歳未満の子ども数	0.146	0.86
×夫の年齢	−0.100	−0.51	×6歳以上15歳以下の子ども数	0.504	4.36***
×夫の年齢 2	0.003	1.32	妻の固定費用	−4.840	−34.01***
×就学なし：夫	−1.191	−0.99	×6歳未満の子ども数	−0.438	−4.51***
×中卒：夫	0.073	0.11	×6歳以上15歳以下の子ども数	0.338	5.28***
×高卒以上：夫	1.868	3.06***	Log lilelihood	−20763.951	

備考)　*** は 1% 有意，** は 5% 有意，* は 10% 有意であることを示す．

た，係数の符号はバンコクでは正であるが，北部や南部，中央部の非都市部では負の値をとる．タイではバンコクのような都市部と非都市部の格差が大きく，それが推定結果に反映されたと考えられる．以降の結果は，表6-9のパラメータおよび変数を用いて，各シナリオにおける労働供給の変化および効用の変化を計算したものである．

6.2 シミュレーション結果

本項では，5つの税制改革シナリオを適用し，シミュレーションを行った結果について考察を行う．表6-10および表6-11は税制改革による労働供給の選択肢のシェアの変化を示している．

まず，配偶者控除を廃止した場合のシナリオ1の結果では，男性，女性ともに，もっとも労働時間の長い選択肢5のシェアは若干減少するものの，非就業者である選択肢1のシェアはそれぞれ男性が0.03%ポイント，女性が0.05%ポイント減少し，全体として労働者が増加している．

タイの個人所得税の配偶者控除は配偶者が非就業であることが適用条件とされる．労働供給の増加は，配偶者控除の廃止によって，世帯主の税負担を軽減するために就業を抑制していた配偶者が存在したためだと考えられる．したがって，タイの現行の配偶者控除は，とくに女性の労働供給を阻害していると言える．

次に，シナリオ2では，比較的大きな影響が見られた．男性では，シナリ

表 6-10　夫の労働供給シェアの変化

(%ポイント)

労働供給選択肢	シナリオ1	シナリオ2	シナリオ3	シナリオ4	シナリオ5
1	−0.03	−0.03	−0.14	−0.02	−0.02
2	0.01	0.00	0.02	0.02	0.03
3	0.01	−1.01	−0.93	0.10	0.15
4	0.04	1.14	1.26	−0.03	−0.06
5	−0.02	−0.09	−0.21	−0.07	−0.10

表 6-11　妻の労働供給シェアの変化

(%ポイント)

労働供給選択肢	シナリオ1	シナリオ2	シナリオ3	シナリオ4	シナリオ5
1	−0.05	0.12	−0.27	−0.04	−0.04
2	0.01	0.01	0.05	0.01	0.02
3	0.00	−0.93	−0.76	0.03	0.04
4	0.04	0.87	1.03	0.01	0.00
5	0.00	−0.07	−0.05	−0.01	−0.02

オ1に続いて，非就業を表す選択肢1，就業時間の長い選択肢5を選択する世帯は減少する．しかし，選択肢3を選ぶ世帯が1.01%ポイント減少する一方で，より労働時間の長い選択肢4を選択する世帯が1.14%ポイント上昇していることから，全体としては，夫は税負担増による課税後所得の減少を追加的な労働によって補填するように行動している．

妻の労働供給に関しても，夫の場合と同様に，選択肢3のシェアが減少し，選択肢4のシェアが増加していることから，労働供給を増加させる世帯が多い．しかし，夫と異なり，非就業の世帯のシェアは0.12%ポイント増加する．妻が非就業の世帯が増加したひとつの原因として，配偶者控除の存在があげられる．15万バーツまでの非課税対象所得をゼロにするということは，15万バーツの控除の廃止と同じ影響を持つ．

したがって，配偶者控除の適用を受けて，相対的に高所得である夫の課税対象所得を減少させるために，妻が非就業となる世帯が一定割合存在した．実際に，シナリオ2と配偶者控除の廃止を組み合わせたシナリオ3では，夫，妻ともに非就業のシェアが減少していることから，シナリオ2の課税対象所得の拡大のみでは，女性の労働促進を阻害してしまう可能性がある．

税率のブラケットを変更させたシナリオ4およびシナリオ5では，労働時間の長い選択肢4や選択肢5のシェアが減少している一方で，非就業である選択肢1のシェアも減少している．これは世帯内で労働供給の調整を行った結果である．つまり，世帯内で労働時間が長く高所得者である世帯主が労働供給を減少させる一方で，それまで非就業であった配偶者が労働供給を行い，課税後所得の減少を緩和するように行動した結果であると考えられる．全体的な労働供給は減少するため，税率増加は効率性の観点からは望ましいものではない．

表6-12は税制改革前後の所得階級別の税引前所得の変化を示したものである[15]．表6-12の結果より，シナリオ1からシナリオ3までの実質的な控

---

15) 所得階級は分析対象世帯数を所得の低い順に並べて，世帯数を10等分したものである．

表6-12 税制改革前後の1世帯あたり平均税引前所得

(千バーツ)

所得階級	改革前	シナリオ1	シナリオ2	シナリオ3	シナリオ4	シナリオ5
1	44.27	44.27 (0.00%)	44.27 (0.00%)	44.27 (0.00%)	44.27 (0.00%)	44.27 (0.00%)
2	70.59	70.59 (0.00%)	70.59 (−0.01%)	70.40 (−0.26%)	70.59 (0.00%)	70.59 (0.00%)
3	92.63	92.63 (0.00%)	92.61 (−0.02%)	92.38 (−0.27%)	92.63 (0.00%)	92.63 (0.00%)
4	117.11	117.11 (0.00%)	116.93 (−0.15%)	116.87 (−0.20%)	117.11 (0.00%)	117.11 (0.00%)
5	139.72	139.72 (0.00%)	139.17 (−0.40%)	139.20 (−0.37%)	139.72 (0.00%)	139.72 (0.00%)
6	167.26	167.26 (0.00%)	166.33 (−0.55%)	166.59 (−0.40%)	167.26 (0.00%)	167.26 (0.00%)
7	212.76	212.76 (0.00%)	211.59 (−0.55%)	212.92 (0.07%)	212.76 (0.00%)	212.76 (0.00%)
8	302.42	302.90 (0.16%)	306.24 (1.26%)	307.38 (1.64%)	302.48 (0.02%)	302.44 (0.01%)
9	476.76	477.03 (0.06%)	490.70 (2.92%)	491.11 (3.01%)	475.94 (−0.17%)	475.31 (−0.30%)
10	821.23	821.43 (0.02%)	840.87 (2.39%)	841.61 (2.48%)	819.12 (−0.26%)	818.25 (−0.36%)
全世帯平均	254.52	254.62 (0.04%)	258.13 (1.42%)	258.50 (1.57%)	254.22 (−0.12%)	254.06 (−0.18%)

備考) 下段( )内の値は改革前を基準とした変化率である.

除の廃止は税引前所得の増加に繋がり,シナリオ4およびシナリオ5の税率のブラケットの変更による増税は税引前所得の減少を引き起こしている.本章の分析では,税制改革前後の賃金率は変化しないと仮定しているため,税引前所得の変化は労働供給の変化によって決まる.したがって,平均税引前所得が増加している階級では,増税による所得効果が代替効果を上回り,改革前よりも労働供給が増加した結果,税引前所得が増加したのである.

シナリオ1,シナリオ2,シナリオ3から,高所得世帯において,実質的な控除の減少は,控除額が減少するほど労働供給を増加させることが分かる.それとは対照的に,第2分位や第3分位などの低所得階級では,控除額が減少するほど,労働供給を抑えることによって,平均税引前所得が減少している.一方で,税率のブラケットを変更した改革であるシナリオ4やシナ

リオ5では，増税による税負担の影響が大きい高所得階級で税引前所得が減少する．つまり，同じ増税でも控除の減少による負担増と税率の変更による負担増ではとくに高所得階級に対する影響が異なる．

次に，税制改革による税負担の変化に焦点を当てる．表6-13は税制改革前後の所得階級別の平均税負担額である．

改革前のデータでは，第7分位までのすべての世帯の個人所得税負担額がゼロである．このことから，タイの個人所得課税は，多額の控除および15万バーツまで課税対象所得が非課税であることによって，一部の高所得世帯のみが個人所得税を負担するといういびつな構造であることが分かる．

また，もっとも税負担の重い第10分位でも，税引前所得に占める税負担額の割合は約3.4%と小さく，個人所得税が基幹税としての役割を果たしておらず，第1節でも述べたように，今後ますます安定的な税収が求められるタイにあって，現行の税制は望ましいものであるとは言えない．

労働供給を考慮に入れた場合でも，すべてのシナリオのもとで税収が増加するが，とくにシナリオ2とシナリオ3では税制改革前と比較して，税収が

表6-13 税制改革前後の1世帯あたり平均税負担額

(千バーツ)

所得階級	改革前	シナリオ1	シナリオ2	シナリオ3	シナリオ4	シナリオ5
1	0.00	0.00	0.00	0.01	0.00	0.00
2	0.00	0.00	0.00	0.23	0.00	0.00
3	0.00	0.00	0.01	0.43	0.00	0.00
4	0.00	0.00	0.19	0.62	0.00	0.00
5	0.00	0.00	0.64	0.95	0.00	0.00
6	0.00	0.00	1.36	1.74	0.00	0.00
7	0.00	0.00	2.89	3.42	0.00	0.00
8	0.52	0.99	6.93	7.56	0.97	0.96
9	4.12	4.77	15.90	16.55	5.41	6.05
10	28.03	28.64	44.24	44.80	35.06	38.74
全世帯平均	3.44	3.63	7.60	8.03	4.37	4.82
総税収	27,643.9	29,106.4 (5.29%)	61,006.4 (120.69%)	64,454.8 (133.16%)	35,062.4 (26.84%)	38,716.2 (40.05%)

備考 総税収の下段の（ ）は改革前を基準とした変化率である．

2倍以上となる．ただし，税収が急増するのは，税制改革前の税収がきわめて低いためである．税制改革前に非課税であった第7分位では，シナリオ3のもとで，税引前所得に占める税負担の割合は1.6%ほど，もっとも所得の高い第10分位でも5.3%ほどであるため，それほど極端に税負担が重くなるわけではない．

なお，高所得の所得分位で税負担額が大きくなるのは，増税の影響に加えて，労働供給の増加による税引前所得増加の影響も含まれている．シナリオ4，シナリオ5においては，高所得者の税引前所得は減少するが，全体の税収はそれぞれ26.84%，40.05%ほど増加するという結果となった．

次に，税引前所得から個人所得税負担と社会保険料を差し引いた課税後所得の変化を示す．表6-14は税制改革前後の平均課税後所得を示したものである．

シナリオ2やシナリオ3では，労働供給を増やすことで税引前所得が大きく増加した高所得階級で，課税後所得の増加が見られるものの，全体としては，減少する傾向にある．とくに，第6分位や第7分位といった中所得階級に対して相対的に影響が大きく，1.4%〜1.98%ほどの減少が見られる．

次に，5つの改革案によって，社会的厚生がどのように変化するのかを明らかにする．本章では，第4章と同様に，厚生指標として相対的厚生変化率 RWC を用い，社会的厚生関数として (7) 式を用いる．

$$RWC = \frac{W^R - W^B}{|W^B|} \qquad (6)$$

$$W_\rho = \frac{1}{\rho} \cdot \sum_{j=1}^{m} U_j^\rho \quad \text{ただし } \rho \neq 0 \qquad (7)$$

本章では，現行のタイ税制のもとでの社会的厚生を W^B，5つの改革案のもとでの社会的厚生を W^R として RWC を算出する．また，(7) 式の U_j は家計 j の効用，m は世帯数，ρ は不平等に対する社会的価値判断を示すパラメータである．

第5章と同様に，社会的厚生関数の一例として，功利主義的な社会的厚生

表 6-14　税制改革前後の1世帯あたり平均課税後所得

(千バーツ)

所得階級	改革前	シナリオ1	シナリオ2	シナリオ3	シナリオ4	シナリオ5
1	42.06	42.06 (0.00%)	42.06 (0.00%)	42.05 (−0.01%)	42.06 (0.00%)	42.06 (0.00%)
2	67.06	67.06 (0.00%)	67.06 (−0.00%)	66.65 (−0.61%)	67.06 (0.00%)	67.06 (0.00%)
3	88.00	88.00 (0.00%)	87.96 (−0.04%)	87.33 (−0.76%)	88.00 (0.00%)	88.00 (0.00%)
4	111.25	111.25 (0.00%)	110.89 (−0.32%)	110.41 (−0.75%)	111.25 (0.00%)	111.25 (0.00%)
5	132.74	132.74 (0.00%)	131.57 (−0.88%)	131.29 (−1.09%)	132.74 (0.00%)	132.74 (0.00%)
6	158.90	158.90 (0.00%)	156.66 (−1.41%)	156.53 (−1.50%)	158.90 (0.00%)	158.90 (0.00%)
7	202.66	202.66 (0.00%)	198.65 (−1.98%)	199.42 (−1.60%)	202.66 (0.00%)	202.66 (0.00%)
8	289.62	289.61 (−0.00%)	287.03 (−0.89%)	287.52 (−0.72%)	289.22 (−0.14%)	289.18 (−0.15%)
9	457.37	456.98 (−0.08%)	459.56 (0.48%)	459.30 (0.42%)	455.26 (−0.46%)	453.98 (−0.74%)
10	776.18	775.76 (−0.05%)	779.65 (0.45%)	779.79 (0.47%)	767.04 (−1.18%)	762.49 (−1.76%)
全世帯平均	242.13	242.05 (−0.03%)	241.62 (−0.21%)	241.55 (−0.24%)	240.91 (−0.51%)	240.29 (−0.76%)

備考)　下段の ( ) は改革前を基準とした変化率である．

関数 ($\rho=1$ の場合) と平等性への嗜好がきわめて高い場合の社会的厚生関数 ($\rho=-30$ の場合) の結果を示す．得られた結果は表 6-15 で示している．

　本章の分析では，税負担が軽減される世帯はないため，社会的厚生が減少することはあっても，増加することはない．実際に，表 6-13 で各シナリオにおいて税負担の増加が確認された所得階級においては，負の値が確認される．しかし，増税による社会的厚生の減少はきわめて小さい．

　例えば $\rho=1$ の場合，もっとも税負担が増加するシナリオ3のもとでも社会的厚生の変化率は −0.006% にとどまる．また，平等性を重視した $\rho=-30$ の場合，低所得世帯の厚生の減少が大きく評価されるため，全体の厚生の減少は $\rho=1$ の場合よりも大きいが，それでも，社会的厚生は現行の制度から 0.1% ほど減少するのみである．

表 6-15　税制改革前後の相対的厚生変化率

所得階級	シナリオ1	シナリオ2	シナリオ3	シナリオ4	シナリオ5
$\rho=1$					
1	0.000%	0.000%	0.000%	0.000%	0.000%
2	0.000%	0.000%	−0.002%	0.000%	0.000%
3	0.000%	0.000%	−0.002%	0.000%	0.000%
4	0.000%	−0.001%	−0.003%	0.000%	0.000%
5	0.000%	−0.002%	−0.004%	0.000%	0.000%
6	0.000%	−0.004%	−0.006%	0.000%	0.000%
7	0.000%	−0.007%	−0.008%	0.000%	0.000%
8	−0.001%	−0.010%	−0.011%	−0.001%	−0.001%
9	−0.001%	−0.011%	−0.012%	−0.001%	−0.002%
10	0.000%	−0.009%	−0.009%	−0.004%	−0.006%
全世帯	0.000%	−0.005%	−0.006%	−0.001%	−0.001%
$\rho=-30$					
1	0.000%	0.000%	−0.001%	0.000%	0.000%
2	0.000%	0.000%	−0.042%	0.000%	0.000%
3	0.000%	−0.002%	−0.054%	0.000%	0.000%
4	0.000%	−0.022%	−0.063%	0.000%	0.000%
5	0.000%	−0.067%	−0.093%	0.000%	0.000%
6	0.000%	−0.122%	−0.152%	0.000%	0.000%
7	0.000%	−0.198%	−0.230%	0.000%	0.000%
8	−0.019%	−0.288%	−0.315%	−0.019%	−0.019%
9	−0.017%	−0.313%	−0.331%	−0.035%	−0.053%
10	−0.007%	−0.255%	−0.262%	−0.079%	−0.125%
全世帯	−0.003%	−0.091%	−0.121%	−0.007%	−0.011%

このような結果が得られた要因として以下の2点が考えられる．

第1に，税制改革による増税のインパクトが弱かったことである．表6-13から，とくにシナリオ2やシナリオ3では現行の制度の2倍以上の税収が得られることを示したが，これは，そもそも現行の制度のもとでの税負担額があまりにも少ないためであり，全体として，とくに所得分位の第6分位以下の階級において増税による税負担増の影響が少なかったことが原因である．

第2に，余暇よりも課税後所得を重視している可能性があることである．本章の分析では，効用は表6-9の変数およびパラメータの値から決定され

る．それぞれの世帯によって変数の値や交差項が異なるため，一概には言えないが，低所得の分位では労働供給を減少させず課税後所得の減少を抑えていること，高所得階級に至っては労働供給を増やすことで，課税後所得を増加させていることから，全体としてはタイの家計は余暇よりも課税後所得，つまり消費に重きをおいており，結果的に税制改革後でも，ある程度の課税後所得を確保するように行動したことで，効用の減少が抑えられたと考えられる．

7. まとめ

本節では本章での分析結果をまとめることで結びとしたい．本章の分析では，家計の労働供給の変化を考慮に入れたうえで，5つの改革案が家計の税負担，可処分所得および社会的厚生に与える影響を分析した．分析の結果をまとめると以下のとおりである．

第1に，実質的な控除額を減額させるシナリオ2やシナリオ3のもとでは，税収が現行の制度の倍以上となる．これは，単純な税制改革による増税の影響だけでなく，とくに高所得層が課税後所得の減少を防ぐために労働供給を増加させたためである．

第2に，配偶者控除を廃止するシナリオ1やシナリオ3ではとくに女性の非就業者が労働市場へ参加する傾向にある．

第3に，税率のブラケットを変更させるシナリオ4やシナリオ5では，税収は25〜40％ほど増加するものの，全体的に労働供給の抑制につながる．

第4に，いずれの改革案のもとでも増税となるにもかかわらず，社会的厚生に対する負の影響は微々たるものである．

現行のタイの個人所得税制は，課税最低限の水準が極端に高く，一部の高所得者に対してのみ負担を求めるといういびつな構造である．今後，近代的な税制を構築し，安定的な財源を得るためには，個人所得税改革が重要となる．

上記の分析結果から，課税後所得の大きな減少や社会的厚生の急激な悪化もなく，さらに，実質的な控除の減額の改革では，労働供給をむしろ促進する効果もあることから，タイ政府が個人所得税改革を行う余地があることが示された．とくに，7割近い労働者が個人所得税を負担していないことを考慮にいれると，まず課税ベースを拡大するために，15万バーツの非課税対象所得の大幅な減額は急務といえる．今後の少子高齢化による人口構造の変化に対応するためにも，経済発展による格差拡大を是正する手段とするためにも，タイ政府は個人所得税改革の方向性を考えていく必要があるだろう．

　最後に，本章で残された課題は以下のとおりである．

　第1に，個人所得課税の所得再分配効果を考慮に入れていない点である．一般的に効率性と公平性はトレードオフの関係にあり，効率性を求めれば，公平性が損なわれる．とくにタイは，先進国よりも所得格差が大きく，個人所得税改革を考えるうえで，税制による所得再分配効果の重要性は大きい．

　またその際には，本章では扱っていない農林漁業者従事者を含める必要もあるだろう．タイでは，農林漁業従事者が多く，2014年の時点でも就業者のうち，3割強を農林漁業従事者が占めている[16]．さらに，農林漁業従事者は，バンコクなどの都市部ではなく，非都市部に居住しており，収入も少ないことから，これらの世帯を含めて所得再分配効果を考える必要がある．

　第2に，本章では第5章と同様に，税制改革後の一時点の影響のみを評価している点である．タイはすでに高齢化社会に突入しており，今後，人口動態が大きく変化する可能性があるため，長期的には本章で示した個人所得課税の影響が変化することも考えられる．したがって，長期的な影響を推計するモデルを作成する必要があるだろう．

16）農林漁業従事者の割合はタイ王国統計局（http://web.nso.go.th/）のLFSを参照．

終章

　現在の税制改革の議論において，消費税や法人税と同様に所得税や個人住民税といった個人所得課税の改革がさかんに行われている．しかしながら，現行の日本の個人所得課税制は依然としてさまざまな課題を抱えている．過去の税制改革による控除の増額や税率のフラット化による課税ベースの縮小や税制による所得再分配効果の低下はそのひとつである．今後は，課税ベースの拡大，所得再分配効果の強化に加えて，人々の行動を歪めることのない中立的な税制の構築が急務である．

　個人所得課税の改革を分析する際には，一国の税収のみならず，家計の税負担や労働供給に対する影響を考慮に入れる必要がある．ただし，それらの影響はすべての家計に対して一律に決まるわけではなく，家計の世帯構成，個々人の年収，収入の種類や年齢などによって異なるものである．したがって，個人所得課税の分析には家計の多様性を考慮に入れた分析が必要となる．

　本書では，所得税と個人住民税を含めた個人所得課税に焦点を当て，全消匿名データ，基礎調査匿名データ，タイのLFSのマイクロデータを用いて，マイクロシミュレーション分析を行うことで，公平性と効率性の観点から，過去の税制改革を評価し，今後の税制改革についての方向性について検討を行った．

　第1章では，マイクロシミュレーションの既存研究とデータの処理方法について取り上げた．マイクロシミュレーションの構想は1950年代からあったものの，データの利用制限やコンピューターの性能が発達していなかった

こともあり，1990年代後半からようやくマイクロシミュレーションによる分析が発展してきた．とくに，海外では税・社会保障に関するさまざまなモデルが作成されており，今後の日本の税・社会保障に関する研究についても，海外と同様にさまざまなモデルを用いて，制度改革の影響を検証することが有益な政策に繋がるだろう．

しかし，マイクロシミュレーションで用いるマイクロデータは，データ数が膨大であることに加えて，データをそのまま利用できることはまれであるため，多くの処理が必要となる．その処理の複雑さ，処理を施した分析者にしか詳細が分からないという不透明性がマイクロシミュレーション分析に対する大きな壁となっている．

今後，この分野の発展のためには，第1章のように可能な限り論文内に処理方法を示すだけでなく，基本的な分析のプログラムコードを公開し，誰もが簡単にマイクロシミュレーションに関われるようなプラットホームをweb上で作成するなど，マイクロシミュレーションに対する意識的，技術的な壁を取り除くことが必要となるだろう．

第2章では，所得税制が持つ所得再分配効果に着目し，過去の税制改革が所得税の所得再分配効果に与えた影響を明らかにしたうえで，その変化が所得税制の税率，控除のどちらの要因によってもたらされたものであるかを検証した．日本の既存研究では，所得税制の所得再分配効果を計測するものがほとんどであり，税率および控除それぞれの効果に焦点を当てた分析はほとんど行われてこなかったためである．

第2章の分析から，過去の税制改革によって，1994年の税制をピークに所得税の所得再分配効果が低下していることが明らかとなった．しかし，とくに近年の税制改革において，所得再分配効果の低下が一概に問題であるということはできない．

第1に，2004年以降，所得再分配効果の低下に大きな影響を与えたのは，65歳以上の者に対する公的年金等控除の減額である．しかしながら，公的年金等控除は，給与所得者に適用される給与所得控除と比較すると，控除額

が大きく，世代間で不公平が存在すること，65歳以上という年齢のみで控除額が増額される合理的な理由がないことから，減額された経緯がある．

当然，公的年金等控除は，相対的に低所得者である世帯の増税に繋がるため，税の所得再分配効果は弱まるが，減額には上記のような妥当な理由があるため，公的年金等控除の減額による所得再分配効果の低下はやむを得ない面がある．さらに，年金収入を得ている高齢世帯の中には，所得が低くとも資産を多く持つ世帯も存在する．そういった世帯を把握することは困難であるため，結果的に裕福な世帯に多額の控除が適用されている可能性もある．

公的年金等控除については，減額されたと言っても，未だに勤労世代と高齢世帯の世代間あるいは，高齢世代内の問題が解決されていない．今後も上記の問題を考慮に入れたうえで，制度の変更が必要となるだろう

第2に，勤労世代では，高齢世代と異なり，人的控除が所得再分配効果を持つ．さらに，過去の税制改革についての指摘とは異なり，勤労世代では，控除額の減額によって所得再分配効果が低下しているという結果が得られた．過去の税制改革で議論されているように，今後，成年扶養控除や配偶者控除といった人的控除の制度変更も考えられる．これらの改革は，中立的な税制の実現のためには必須であるが，勤労世代内の所得再分配効果の低下につながる可能性がある．

そこで，所得税の所得再分配効果を強化するためには，人的控除の改革とともに，給与所得控除の減額を行うことが重要である．現行の制度では，給与収入額の増加に応じて，給与所得控除額も増加するため，給与所得控除は課税前所得よりも課税後所得の格差を拡大させる働きを持つことを示した．

これまで段階的に給与所得控除の上限が引き下げられており，2017年より1,000万円超の収入に対して，220万円の上限が設けられている．近年の給与所得控除について，勤務費用の概算控除以外の役割が以前ほど期待されておらず，給与所得控除が給与収入と比例的に増加するか否かは不透明であることを考えると，給与所得控除に上限を設けることには一定の合理性がある．

しかし，日本では，1,000万円超の収入を得ている者は，全体のごく一部であり，所得再分配効果の上昇も限定的であると考えられる．したがって，今後も給与所得控除額の見直しが求められる．

例えば，給与所得控除額を所得にかかわらず定額に設定することは所得再分配効果を上昇させると考えられる．給与所得控除が所得税の所得再分配効果を低下させている要因は，収入に応じた控除額の増額であるため，この点を改善すれば，所得再分配機能の回復が見込まれる．以上のように，配偶者控除，成年扶養控除制度の改革と給与所得控除の改革を同時に進めることで，所得再分配効果を損ねることなく，中立的な税制の実現を目指した改革を行っていくことができるだろう．

第3章では，第2章と同様の分析を用いて，過去の税制改革による個人住民税の所得再分配効果について分析を行った．その結果，所得税の分析と同様に，個人住民税の所得再分配効果は長期的には低下傾向にあり，その要因として，2004年までは一貫して控除額が増額されたこと，税率がフラット化されたことが挙げられる．ただし，個人住民税は公平性よりも，応益性や税収の偏在度縮小といった役割が中心であるため，個人住民税の所得再分配効果の議論についても応益性を考慮に入れた分析が求められる．

今後は，「平成18年度税制改正の大綱」でも「個人所得課税体系における所得税と個人住民税の役割分担を明確化すべきである」と述べているように，所得税と個人住民税の役割を一層明確化し，所得税には公平性の観点から，個人住民税については応益性の観点から，税制改革を進めていくことが必要である．

第2章および第3章では，公平性の観点から税制改革と現在の税制を評価したが，先にも述べたとおり，第2章や第3章の分析は，税制改革による行動の変化を考慮に入れていないという問題がある．そこで，第4章から第6章では，税制改革による行動の変化を含めたbehaviorモデルを作成し，個人所得課税制の改革について分析を行った．

第4章では，家計の効用関数をCES型に特定化し，マイクロデータを適

用することで，過去の税制改革や仮想的な税制改革のシミュレーション分析を行い，労働供給，消費行動および経済厚生の変化を明らかにしたうえで，税制改革の評価を行った．効用関数を用いて過去の所得税改革による経済厚生や労働供給の変化を分析した既存研究は多く蓄積されているものの，マイクロデータを用いて，所得以外の世帯属性を考慮に入れた分析は行われてこなかったためである．

分析の結果から，1988 年から 2004 年にかけて行われた税率のフラット化や控除額の増額によって，2004 年の経済厚生がもっとも高く，とくに 60 歳未満の世帯の経済厚生を高める改革であることを示した．しかしながら，純税収一定の制約を設けて同様の分析を行ったところ，1988 年税制の経済厚生がもっとも高いことから，1988 年以降の税制による経済厚生の増加は，減税による税収の損失によって，成り立つものであることが分かった．

ただし，純税収一定制約の有無にかかわらず，1988 年以降のどの税制のもとでも，多くの世帯で労働時間の増加が見られており，過去の税制改革は労働供給の促進に一定の効果があった．

さらに，所得税の税率，控除額を変化させた仮想的な税制を適用したシミュレーションを行ったところ，多くの税制で，改革後に全体の厚生の改善が見られた．しかし，どの改革においても，高所得階級の厚生は悪化することを考慮に入れて，目的に応じて税制改革を進める必要がある．

第 4 章では，家計の労働供給を考慮に入れて分析を行ったが，モデル上，単身世帯のみへの影響を評価するに留まっている．そこで，第 5 章では，離散選択型のモデルを用いて，2 人以上世帯を対象に配偶者控除制度の変更が，配偶者の労働供給に与える影響を検証した．配偶者控除の見直しとして，配偶者特別控除を含めた配偶者控除制度の全廃，移転的基礎控除の 2 種類の制度改革について分析を行った．

第 5 章の分析結果から，配偶者控除の廃止は，変化は小さいものの労働供給の増加に繋がることが明らかになった．これは，2017 年以前の配偶者控除制度が配偶者の労働供給を抑制しているということである．また，労働供

給の変化は，非正規職員から正規職員への変化よりも，無職から非正規職員あるいは正規職員への変化が多く，今まで働いていなかった配偶者を労働市場に参入させる効果がある．

一方で，移転的基礎控除の導入は，配偶者の労働供給を抑制する効果を持つことがわかった．これは，非正規職員の配偶者が労働供給を抑制する効果がとくに大きかったためである．

2017年以前の配偶者控除制度のもとでは，配偶者の所得が38万円を超えるまでは，配偶者の所得にかかわらず，世帯主の所得から38万円を控除することができる．しかし，移転的基礎控除のもとでは，配偶者が働くほど，世帯主の所得から控除される金額が減少する．また，所得が38万円以下であれば，配偶者の税負担額は配偶者控除の場合も移転的基礎控除の場合もゼロである．したがって，非正規職員で所得の低い配偶者が，世帯の税負担増加を避けるために，労働時間を減少させたと考えられる．さらに移転的基礎控除のもとでは，専業主婦として労働を行っていない世帯に対しては全く影響がないため，新規の労働力を確保することができないという問題も生じる．よって，移転的基礎控除への移行は二重控除問題の対策としては有効であるが，女性の労働供給の促進の観点からは，配偶者特別控除も含めた配偶者控除の撤廃が望ましい．しかしながら，現実の制度では2018年以降，主に配偶者特別控除の所得要件の大幅な緩和によって38万円の控除額が適用される世帯が増加することが予想される．ただし今回の税制改正では二重控除の問題を解決できておらず，配偶者の労働供給に与える影響は軽微であることが予想されるため，今後も配偶者控除改正の議論を進めていかなければならない．

第6章では，女性の労働力率が高いタイのデータと個人所得税制を用いて，現在のタイの個人所得税の問題を解消するような税制改革のシミュレーションを行った．分析には，第5章と同様に，離散選択型のモデルを用いたが，タイは日本と異なり，女性の労働者や共働き世帯が多いという環境にあるため，夫と妻の双方が労働供給を変化させることができるモデルという点

で，第5章のモデルとは違いがある．

　第6章の分析では，控除や税率を変更させる5つの改革案が，家計の税負担，可処分所得および社会的厚生に与える影響を分析した．第6章の分析結果から，課税後所得の大きな下落や社会的厚生の急激な悪化もなく，さらに，15万バーツまでの課税対象所得に対する非課税措置を撤廃する改革では，労働供給を促進する効果があることから，タイ政府が個人所得税改革を行う余地があることが示された．とくに，現行の個人所得税制のもとでは，7割近い労働者が税を負担していないことを考慮にいれると，課税ベースの拡大は急務である．今後の少子高齢化による人口構造の変化に対応するためにも，経済発展にともなう格差拡大を是正する手段とするためにも，タイ政府は真摯に個人所得税改革を議論する必要がある．

　本書では，全章を通じて，所得税および個人住民税を中心とした個人所得課税について分析を行ったが，いくつか課題が残っている．

　第1に，家計の負担である税制のみに焦点を当て，社会保障給付をほぼ取り扱っていない点である．家計は政府に対して，税を収めるだけではなく，政府から公共サービスを通じて，さまざまな便益を受けている．なかでも，社会保障給付は税制と同様，直接的に家計の生活に影響をおよぼすことから，税と社会保障給付の双方を考慮に入れたうえで，分析を行う必要がある．

　第2に，本書の分析はすべて，税制改革直後の影響のみを分析対象とし，税制改革を評価している点である．家計はライフサイクルに応じて労働や消費行動を変更するため，本来であれば，税制改革後の長期的な影響を分析し，制度を評価することが望ましい．

　日本では，動学的なモデルも含めて，まだまだ税・社会保障に関するマイクロシミュレーションモデル研究の蓄積がなされていない．今後は，税と社会保障制度を含めた長期的なモデルを作成するなど，さまざまな観点から分析を行うことで，本書での議論をより深めていくべきであろう．

参考文献

Akabayashi, H. (2006) "The Labor Supply of Married Women and Spousal Tax Deductions in Japan- a Structual Estimation", *Review of Economics of the Household*, vol.4, issue 4, pp.349-378.

Bessho, S. and Hayashi, M. (2014) "Intensive Margins, Extensive Margins, and Spousal Allowances in the Japanese System of Personal Income Taxes: Discrete Choice Analysis", *Journal of the Japanese and International Economies*, vol.34, pp.162-178.

Bourguignon, F. and Spadaro, A. (2006) "Microsimulation as a Tool for Evaluating Redistribution Policies", *Journal of Economic Inequality*, vol.4, Issue 1, pp.77-106.

Bowen, W. G. and Finegan, T. A. (1971) "The Economics of Labor Force Participation." *The Journal of Human Resources*, Vol.6, No.2, pp.139-148.

Cassells, R., Harding, A. and Kelly, S. (2006) "Problems and Prospect for Dynamic Microsimulation: A Review and Lessons for APPSIM", *NATSEM discussion paper*, No.63, University of Canberra.

Creedy, J. and Duncan, A. (2002) "Behavioural Microsimulation with Labour Supply Responses", *Journal of Economic Surveys*, vol.16, No.1, pp.1-39.

Creedy, J. and Kalb, G. (2005a) "Discrete Hours Labour Supply Modeling: Specification, Estimation and Simulation", *Journal of Economic Surveys*, vol.19, No.5, pp.697-734.

Creedy, J. and Kalb, G. (2005b) "Measuring Welfare Changes in Labour Supply Models", *The Manchester School*, vol.73, No.6, pp.663-685.

Creedy, J. and Kalb, G. (2006) *Labour Supply and Microsimulation : The Evaluation of Tax Policy Reforms*, Gloucestershire.

Creedy, J. and Herault, N. and Kalb, J. (2011) "Measuring Welfare Changes in Behavioural Microsimulation Modeling: Accounting for the Random Utility Component", *Journal of Applied Economics*, vol.14, No.1, pp.5-34.

Dagsvik, J. and Jia, Z. (2012) "Labor Supply as a Discrete Choice among Latent Jobs", *Discussion Papers*, No.709, Statistic Norway.

Dardanoni, V. and Lambert, P. J. (2002) "Progressivity Comparisons", *Journal of Public Economics*, vol.86, issue 1, pp.99-122.

Das, M. and van Soest, A. (2001) "Family Labor Supply and Proposed Tax Reforms in the Netherlands", *De Economist*, vol.149, issue 2, 191-218.

Eissa, N., Kleven, J. H. and Kreiner, T.C. (2008) "Evaluation of Four Tax Reforms in the United States: Labor Supply and Welfare Effects for Single Mothers", *Journal of*

Public Economics, vol. 92, issue 3-4, pp. 795-816.

Figari, F., Iacouvou, M., Skew, J.A. and Sutherland, H. (2012) "Approximations to the Truth: Comparing Survey and Microsimulation Approaches to Measuring Income for Social Indicators", *Social Indicators Research*, vol. 105, issue 3, pp. 387-407.

Gupta, A. and Kapur, V. (2000) *Microsimulation in Government Policy and Forecasting*, North Holland.

Harding, A. (1996), *Microsimulation and Public Policy*, North Holland.

Harding, A. (2007) "Challenges and Opportunities of Dynamic Microsimulation Modelling", *Plenary paper presented to the 1st General Conference of the International Microsimulation*, NATSEM, University of Canberra.

Immervoll, H., Kleven, H. J., Kreiner, C.T. and Verdelin, N. (2011) "Optimal Tax and Transfer Programs for Couples with Extensive Labor Supply Responses", *Journal of Public Economics*, Vol. 95 Issue 11, pp. 1485-1500.

Kalb, G. and Thoresen, O. T. (2010) "A Comparison of Family Policy Designs of Australia and Norway Using Microsimulation Models", *Review of Econimics of the Household*, vol. 8, issue 2, pp. 255-287.

Kabatek, J, van Soest, A. and Stancanelli, E. (2014) "Income Taxation, Labour Supply and Housework: A Discrete Choice Model for French Couples", *Labour Economics*, vol. 27, pp. 30-43.

Labeage, J.M., Oliver, X. and Spadaro, A. (2008) "Discrete Choice Models of Labour Supply, Behavioural Microsimulation and the Spanish Tax Reforms", *Journal of economic inequality*, vol. 6, issue 3, pp. 247-273.

Lambert, P. J. and Thorensen, T. O. (2009) "Base Independence in the Analysis of Tax Policy Effects: With an Application to Norway 1992-2004", *International Tax and Public Finance*, vol. 16, pp. 219-252.

Lefebvre, M., Orsini, K. (2012) "A Structural Model for Early Exit of Older Men in Belgium", *Empirical Economics*, vol. 43, No. 1, pp. 379-398.

Li, J. and O' Donoghue, C. (2013) "A Survey of Dynamic Microsimulation Models: Uses, Model Structure and Methodology", International Journal of Microsimulation, vol. 6, issue2, pp. 3-55.

Maganani, R. and Mercenier, J. (2009) "On Linking Microsimulation and Computable General Equilibrium Models Using Exact Aggregation of the Heterogeneous Discrete-Choice Making Agents", *Economic Modeling*, vol. 26, issue 3, pp. 560-570.

Merz, J., Hanglberger, D. and Rucha, R. (2010) "The Timing Of Daily Demand for Goods and Services-Microsimulation Policy Results of an Aging Society, Increasing Labour Market Flexibility, and Extended Public Childcare in Germany", *Journal of Consumer Policy*, vol. 33, issue 2, pp. 119-141.

Mitton, L., Sutherland, H. and Weeks, M. (2000) *Microsimulation Modeling for Policy*

Analysis, Cambridge University Press.

Miyazaki, T. and Kitamura, Y. (2014) "Redistributive Effects of Income Tax Rates andTax Base 1984-2009:Evidence from Japanese Tax Reforms", *IER Discussion Paper Series*, A.610.

Nyffeler, R. (2005) "Different Modeling Strategies for Discrete Choice Models of Female Labor Supply: Estimates for Switzerland", *Discussion Papers*, 05-08, Department of Economics, Universität Bern.

Orcutt, G.H. (1957) "A New Type of Socio Economic System", *Review of Economics and Statistics*, vol.39, No.2, pp.773-797.

Paulus, A. and Peichl, A. (2009) "Effects of Flat Tax Reforms in Western Europe", *Journal of Policy Modeling*, vol.31, issue 5, pp.620-636.

Peichl, A. (2009) "The Benefits and Problem of Linking Micro and Macro Models-Evidence from a Flat Tax Analysis", *Journal of Applied Economics*, vol.14, No.2, pp301-329.

van Soest, A. (1995) "Structural Models of Family Labor Supply." *Journal of Human Resources*, Vol. 30, No.1, pp.63-88.

van Sonsbeek, J. M. and Alblas, R. (2012) "Disability Benefit Microsimulation Models in the Netherlands", *Economic Modeling*, vol.29, Issue.3, pp.700-715.

Zaidi, A. and Rake, K. (2002) "Dynamic Microsimulation Models: A Review and Some Lessons for SAGE", *SAGE Discussion Paper*, No.2, London School of Economics.

Zaidi, A., Harding, A. and Williamson, P. (2009) *New Frontiers in Microsimulation Modelling*, Ashgate.

足立泰美・金田陸幸 (2016)「配偶者控除と有配偶女性の労働供給の変化」『生活経済学研究』，第43巻，13-29頁．

阿部彩 (2003)「児童手当と年少扶養控除の所得格差是正効果のマイクロ・シミュレーション」『季刊社会保障研究』第39巻1号，70-82頁．

阿部彩 (2008)「格差・貧困と公的医療保険：新しい保険料設定のマイクロ・シミュレーション」『季刊社会保障研究』第44巻第3号，332-347頁．

安部由紀子・大竹文雄 (1995)「税制・社会保障制度とパートタイム労働者の労働供給行動」『季刊社会保障研究』第31巻第2号，120-134頁．

稲垣誠一 (2010)「マイクロシミュレーションモデルを用いた公的年金の所得保障機能の分析」『季刊社会保障研究』，第46巻第1号，22-34頁．

上村敏之 (2001)『財政負担の経済分析：税制改革と年金政策の評価』関西学院大学出版会．

大石亜希子 (2003)「有配偶女性の労働供給と税制・社会保障制度」『季刊社会保障研究』第39巻第3号，286-300頁．

大竹文雄 (2000)「90年代の所得格差」『日本労働研究雑誌』第480号，2-11頁．

大竹文雄 (2005)『日本の不平等：格差社会の幻想と未来』日本経済新聞社．

大竹文雄・齊藤誠（1999）「所得格差化の背景とその政策的含意：年齢階層内効果，年齢階層間効果，人口高齢化効果」『季刊社会保障研究』第 35 巻第 1 号, 65-76 頁.

小塩隆士（2004）「1990 年代における所得格差の動向」『季刊社会保障研究』第 40 号第 3 巻, 277-285 頁.

小塩隆士（2006）「所得格差の推移と再分配政策の効果：「所得再分配調査」からみた 1980-90 年代の日本」,『日本の所得分配：格差拡大と政府の役割』東京大学出版会, 11-38 頁.

小塩隆士（2010）『再分配の厚生分析：公平と効率を問う』日本評論社.

金子能宏・田近栄治（1989）「勤労所得税と間接税の厚生コストの計測：勤労者標準世帯の場合」『フィナンシャル・レビュー』第 15 号, 94-129 頁.

金田陸幸（2012）「所得課税における控除の再分配効果」『関西学院経済学研究』第 43 号, 29-50 頁.

金田陸幸（2013）「所得課税における税率効果と控除効果」『関西学院経済学研究』第 44 号, 39-59 頁.

金田陸幸（2014）「所得課税における控除の実態：マイクロシミュレーションによる分析」『租税資料館賞受賞論文集』第 22 回中巻, 181-223 頁.

金田陸幸（2015）「所得課税における経済厚生分析」『経済学論究』第 68 巻第 4 号, 77-104 頁.

金田陸幸（2017）「所得税制における税率と控除の所得再分配効果」『尾道市立大学経済情報論集』第 17 巻第 2 号, 21-60 頁.

金田陸幸（2018）「個人住民税における税率と控除の所得再分配効果」『尾道市立大学経済情報論集』第 17 巻第 3 号, 39-68 頁.

金田陸幸・栗田匡相（2017）「タイの個人所得税改革による労働供給への影響：マイクロシミュレーションによる分析」『人口学研究』, 第 53 号, 1-22 頁.

北村行伸・宮崎毅（2013）『税制改革のミクロ実証分析：家計経済からみた所得税・消費税』岩波書店.

佐藤哲彰（2011）「労働時間のジニ係数：労働時間の個人間不平等は拡大したのか」『統計研究彙報』第 68 号, 21-67 頁.

白石浩介（2008）「公的年金改革のマイクロシミュレーション」, 一橋大学経済学研究所世代間問題研究機構ディスカッションペーパー, No.409.

白石浩介（2010）「給付付き税額控除による所得保障」『会計検査研究』第 42 号, 11-28 頁.

高橋新吾（2010）「配偶者控除及び社会保障制度が日本の既婚女性に及ぼす労働抑制効果の測定」『日本労働研究雑誌』No.605, 28-43 頁.

高山憲之・白石浩介（2010）「子ども手当の所得に与える影響のマイクロシミュレーション」ESRI Discussion Paper Series No.245.

田近栄治・古谷泉生（2003）「税制改革のマイクロシミュレーション分析」『現代経済学の潮流 2003』東洋経済新報社, 28-36 頁.

田近栄治・古谷泉生（2005）「年金課税の実態と改革のマイクロ・シミュレーション分析」『経済研究』第56巻第4号，304-316頁．
田近栄治・八塩裕之（2006）「税制を通じた所得再分配：所得控除にかわる税額控除の活用」『日本の所得分配：格差拡大と政策の役割』東京大学出版会，85-110頁．
田近栄治・八塩裕之（2008）「所得税改革－税額控除による税と社会保険料負担の一体調整－」『季刊社会保障研究』第44巻第3号，291-306頁．
橘木俊詔・浦川邦夫（2006）『日本の貧困研究』東京大学出版会．
土居丈朗（2010）「子ども手当導入に伴う家計への影響分析：JHPSを用いたマイクロ・シミュレーション」『経済研究』第61巻2号，137-153頁．
橋本恭之・上村敏之（1997）「税制改革の再分配効果：個票データによる村山税制改革の分析」『経済論集（関西大学）』第47巻第2号，47-61頁．
林宏昭（1995）『租税政策の計量分析：家計間・地域間の負担配分』日本評論社．
府川哲夫（2005）「INAHSIMを用いた世帯の将来推計（2004）」『人口学研究』，第36号，1-12頁．
府川哲夫（2013）「2060年の高齢者像：INAHSIMによる推計」，『季刊社会保障研究』，第48巻第4号，385-395頁．
古谷泉生（2003）「公的年金等控除のマイクロ・シミュレーション」PRI Discussion Paper Series No.03A-24．
本間正明・跡田直澄・井堀利宏・中正之（1987）「最適税制」『経済分析』第109号．
本間正明・跡田直澄・橋本恭之（1989）「竹下税制改革の厚生分析」『季刊理論経済学』第40号第4巻，336-347頁．
望月正光・野村容康・深江敬志（2010）『所得税の実証分析：基幹税の再生を目指して』日本経済評論社．
八塩裕之・長谷川裕一（2009）「わが国家計の消費税負担の実態について」『経済分析』182号，27-47頁．
森剛志・浦川邦夫（2009）「配偶者特別控除の廃止が労働供給に与えた影響のパネルデーター分析」『甲南経済学論集』第49巻，2・3・4号，11-35頁．
森信茂樹（2013）「わが国所得課税ベースの新推計」『フィナンシャル・レビュー』112号，211-226頁．
矢田晴那（2010）「政策分析ツールとしてのマイクロ・シミュレーションの研究」PRI Discussion Paper Series No.10A-04．

税制改革に関する資料
財務省（2005）「平成18年度税制改正の大綱」．
財務省（2009）「平成22年度税制改正大綱」．
財務省（2010）「平成23年度税制改正大綱」．
財務省（2011）「平成24年度税制改正大綱」．
財務省（2013）「消費税率及び地方消費税率の引上げとそれに伴う対応について」．

財務省（2015）「平成27年度税制改正の大綱」．
財務省（2016）「平成29年度税制改正の大綱」．
内閣官房（2011）「社会保障・税一体改革成案」．
内閣府税制調査会（2002）「平成15年度税制改正に関する答申」．
内閣府税制調査会（2003）「平成16年度税制改正に関する答申」．
内閣府税制調査会（2014）「働き方の選択に対して中立的な税制の構築をはじめとする個人所得課税改革に関する論点整理（第一次レポート）」．
日本税理士会連合会税制審議会（2014）「給与所得と公的年金等所得に対する課税のあり方について：平成26年度諮問に対する答申」．

初出一覧

第1章 「所得課税における控除の実態:マイクロシミュレーションによる分析」『租税資料館賞受賞論文集』第22回中巻,181-224頁,2014年.
第2章 「所得税制における税率と控除の所得再分配効果」『尾道市立大学経済情報論集』第17巻第2号,21-60頁,2017年.
第3章 「個人住民税における税率と控除の所得再分配効果」『尾道市立大学経済情報論集』第17巻第3号,39-68頁,2018年.
第4章 「所得課税における経済厚生分析」『経済学論究』第68巻第4号,77-104頁,2015年.
第5章 「配偶者控除と有配偶女性の労働供給の変化」『生活経済学研究』第43巻,13-29頁,2016年(共著).
第6章 「タイの個人所得税改革による労働供給への影響:マイクロシミュレーションによる分析」『人口学研究』第53号,1-22頁,2017年(共著).
終章 書下ろし

索引

[和文]

〈あ行〉

移転的基礎控除　130, 132-4, 137, 149, 150, 152-5, 157, 195, 196
応益性　104, 194

〈か行〉

課税後所得　22, 28, 29, 31-3, 35-41, 43, 45, 47-51, 54-9, 63, 69, 73, 75, 78-81, 86, 87, 104, 170, 171, 173, 176, 182, 185, 187-9, 193, 197
課税最低限　21, 70, 77, 126, 138, 176, 188
課税対象所得　17, 21, 35, 36, 39, 42, 43, 45-8, 51, 54, 56, 57, 59, 67, 68, 70, 72, 77, 79, 86, 87, 95-7, 100-2, 159, 168, 175, 176, 178, 179, 182, 184, 197
課税ベース　7, 25, 48, 71, 189, 191, 197
課税前所得　35-9, 73, 75, 79, 104, 193
給付つき税額控除　7, 8, 25, 27, 108
給与所得控除　16, 38-42, 44, 46, 49, 50, 53, 56-9, 62, 64, 65, 68, 69, 71, 72, 74, 77, 79, 85, 86, 92, 95-7, 100, 102, 103, 114, 118, 121, 140, 158, 192-4
極値第Ⅰ分布　142, 146, 147, 171, 177
均等割　81
限界実効税率　6, 108, 110, 114
限界税率　7, 43, 48, 51, 55, 56, 87, 92, 94, 100, 114, 153
公的年金等控除　16, 38, 39, 41, 42, 49, 50, 53, 56, 57, 62, 63, 65, 69-74, 79, 85-7, 89, 92, 95, 96, 100-3, 114, 121, 124, 127, 192, 193
公平性　35, 108, 137, 157, 189, 191, 194
功利主義　117, 118, 185
効率性　139, 157, 189, 191
高齢化　26, 73, 164
高齢者人口　161, 162

国民生活基礎調査　2, 9, 26
個人所得課税　1, 10, 14, 23, 27, 28, 75, 77, 107, 115, 124, 125, 127, 158, 168, 191
固定費用　139, 141, 171
個票データ　2, 8, 26, 27

〈さ行〉

算術的モデル　4, 139
失業率　157, 161
ジニ係数　6, 27, 36, 37, 108
社会的厚生　117, 139, 169, 170, 185, 188, 189, 197
社会的厚生関数　118, 127
就業調整　131, 132
就業率　157, 166
従属人口指数　162, 163, 165
条件付きロジットモデル　142, 147, 171, 177, 179
少子高齢化　163, 189, 197
所得格差　25-7, 33, 45, 61, 75
所得控除　7, 17, 21, 25, 27, 36, 38, 46, 50, 63, 69, 72, 77, 88, 92, 100, 101, 114, 160
所得再分配効果　8, 26-9, 31, 34, 35, 37-9, 48, 50, 53, 55, 56, 58, 61-4, 68, 70-2, 74, 75, 77, 78, 81, 84, 88, 92, 93, 96, 100-4, 189, 191-4
所得割　81
人的控除　59, 71, 103, 168, 175, 193
生産年齢人口　165
税・社会保障制度　23, 26, 27
静的（static）モデル　3
税引前所得　174-6, 182, 183, 185
税引前賃金率　144, 145, 174, 175
税負担軽減効果　28, 61, 64, 87, 92, 94, 95, 100, 102
税負担率　7, 102, 154
税率のブラケット　29, 43, 47, 48, 51, 55,

索引

57, 59, 62, 65, 68-70, 72, 97, 114, 118, 127, 182, 183, 188
税率のフラット化　25, 49-51, 62, 68, 69, 72, 86, 87, 89, 93-6, 100, 101, 104, 118, 121, 124, 127, 128, 195
専業主婦世帯　129
全国消費実態調査　2, 8, 9
相対的厚生指標　118, 121

〈た行〉

タイル尺度　28, 31-3, 35, 37-41, 43, 46, 47, 59, 78-80, 86, 93, 97
中立性　130, 137, 178
超過累進税率　21, 44, 68, 77, 84, 102, 152, 158, 175, 179
賃金構造基本統計調査　13
等価所得　29, 81
動的モデル　4, 5
匿名化措置　9, 10
匿名データ　9-12, 23, 71, 80
共働き世帯　132, 157, 170, 196

〈な行〉

二重控除　132, 134, 137, 155, 196
年少人口　161, 162

〈数字〉

103万円の壁　131, 137

〈欧字〉

ASEAN　158, 159
behaviorモデル　4, 5, 108, 168, 169, 194
dynamicモデル　168, 169

〈は行〉

配偶者控除　7, 17, 20, 27, 41, 42, 50, 58, 63, 65, 69, 74, 89, 100, 103, 130-5, 137-40, 147, 149, 150, 152-7, 175, 177, 178, 181, 182, 188, 194-6
配偶者特別控除　7, 17, 27, 34, 41, 42, 49, 50, 63, 65, 73, 85, 89, 103, 130-3, 135, 136, 149, 154, 155, 195
秘匿措置　9, 11
比例税率　21, 77, 87, 97, 100
フラットタックス　6, 108
平均税率　77, 88

〈ま行〉

マイクロシミュレーション　1-3, 6, 7, 22, 23, 164, 165, 167, 170, 191, 192
マイクロシミュレーションモデル　108
マイクロデータ　1-3, 6-9, 23, 27, 29, 37, 107-9, 164, 166-8, 191, 192, 194
マッチング　14, 115, 143, 144

〈ら行〉

離散選択型（discrete choice）モデル　4, 139, 140, 168-70
累進税　77, 158
労働力率　129, 158, 170, 196

[欧文]

EUROMOD　6, 108
extensive margin　139
Fixed Income Approach　27, 33, 34, 37, 81, 101, 104
Heckmanの2段階推定　144, 174
intensive margin　139
M字カーブ　129, 149
RS指標　36, 37

【著者紹介】

金田 陸幸（かねだ たかゆき）

尾道市立大学経済情報学部経済情報学科，講師．専門は財政学．
2011 年　関西学院大学経済学部早期卒業．2015 年日本学術振興会特別研究員 DC2 に採用される．
2016 号　関西学院大学大学院経済学研究科博士課程後期課程修了，博士号（経済学）取得．2016 年 4 月より現職．
主な論文に「配偶者控除制度と有配偶女性の労働供給の変化」（『生活経済学研究』第 43 巻，2016 年，共著），「タイの個人所得税改革による労働供給への影響：マイクロシミュレーションによる分析」（『人口学研究』第 40 巻第 1 号，2017 年，共著）など．

個人所得課税の公平性と効率性
マイクロシミュレーションによる実証分析

2018 年 10 月 30 日　第 1 刷発行

定価（本体 5500 円+税）

著　者　金　田　陸　幸
発行者　柿　﨑　　　均
発行所　株式会社 日本経済評論社
〒101-0062 東京都千代田区神田駿河台 1-7-7
電話 03-5577-7286　FAX 03-5577-2803
E-mail: info8188@nikkeihyo.co.jp
振替 00130-3-157198

装丁・渡辺美知子　　　　　中央印刷・誠製本

落丁本・乱丁本はお取替えいたします　　Printed in Japan
Ⓒ KANEDA Takayuki 2018
ISBN 978-4-8188-2511-6

・本書の複製権・翻訳権・上映権・譲渡権・公衆送信権（送信可能化権を含む）は，（株）日本経済評論社が保有します．
・JCOPY　〈（社）出版者著作権管理機構　委託出版物〉
本書の無断複写は著作権法上での例外を除き禁じられています．複写される場合は，そのつど事前に，（社）出版者著作権管理機構（電話 03-3513-6969，FAX 03-3513-6979，e-mail: info@jcopy.or.jp）の許諾を得てください．

税と社会保障負担の経済分析	上村敏之・足立泰美	本体 5900 円
社会保障の財政学	小西砂千夫	本体 3700 円
所得税の実証分析 ―基幹税の再生を目指して―	望月正光・野村容康・深江敬志	本体 4200 円
自治体破綻の財政学 ―米国デトロイトの経験と日本への教訓―	犬丸淳	本体 5200 円
地方財政・公会計制度の国際比較	関口智編著	本体 5400 円
水と森の財政学	諸富徹・沼尾波子編	本体 3800 円
地方独自課税の理論と現実 ―神奈川・水源環境税を事例に―	髙井正	本体 3800 円

日本経済評論社